高久泰文

日本国憲法
七つの欠陥の
七倍の欠陥

だれでもわかる
やさしい憲法のお話し

共栄書房

はじめに

日本国憲法は、昭和二十一年（一九四六年）十一月三日に公布され、それから六ヵ月後の昭和二十二年五月三日に施行されました。昭和二十年（一九四五年）八月十五日に大日本帝国が敗戦、降伏し、第二次世界大戦が終了したのですから、この時から早々に現行憲法が制定され施行されたわけであります。

それ以来、現在の平成十五年（二〇〇三年）に至る迄、この日本国憲法は一度も改正されることなく「世界に冠足る恒久平和主義」、「国際協調主義」、「民主主義」等等を謳っているのであり、「完全無欠な法典」のような観をわれわれに抱かせるものであります。従って、この憲法を改正しようとすることなどは思いもよらない「慮外の沙汰」のように受け取られる傾向にあります。

しかし、この憲法にはいくつかの「欠陥」が厳然と存在しているのであります。その欠陥の原因を分類しますと、①現行憲法の基となったマッカーサー草案の起草者が必ずしも日本の国家の仕組、社会の実態を正しく理解していなかったこと、②あまりにも民主主義の理想を追いすぎて現実との格差に注意が行き届かなかったこと、③条文作成、立案技術の稚拙さが無用な解釈と混乱を引き起こしていること、④国際社会ないしは日本の国家、社会の現実の推移に追いつけない時代遅れとなっていること、があげられます。

このうちでも特に④の原因について言いますと、憲法施行後五十有余年の経過した今日では、憲法制定当時の国家社会の実態とはあまりにも隔絶した現実があるのであり、その当時の憲法の各規定を支えた立法事実はそのほとんどが大きく変化しています。このため現行憲法の規定には現在の国家社会の実情に沿わない姿を露呈しているのが諸所に見うけられるのであります。本来、このような場合には、いかなる国の憲法典にも通常「改正規定」なるものがあって、「憲法改正」が当然のこととして行われるものなのであります。

しかしながら、日本国憲法には、この「改正」が行われたことがなく、改正がないと言うことは、その憲法典が完全無欠なものではない限りは(そのようなことはあり得ないことなのですが)、憲法の各規定が想定している(あるいは、想定した)規律の対象であります国家・社会に生起する現象と今日現実に国家社会に生起している現象とは大きく異なってしまっているのですから、それは取りも直さず、憲法の規定とその規律の対象である今日のわが国家・社会の実態が乖離(かいり)しているということであります。

本書は、この完全無欠ではない「日本国憲法」の、この現実「乖離」の具体的実例について言わせてもらいたいと思うのであります。

なお、本書では、憲法第九条についてはあえて触れないことにしました。憲法問題を語るには、その最大の争点が第九条であることは言うまでもないことなのでありますが、それにもかかわらず、この点に触れないその理由とは、憲法改正論者も非改正論者も、まさにここを先途として争って来ているのですから、この点が一度び議論に上りますとその論議の加熱振りは、それ以外の憲法問題についての冷静な議論を排除してしまうおそれが十分に考えられ、このようなことに配慮した結果として、あえて第九条に触れないでおくことにしました。また、本書にこの憲法第九条の改正の是非を明記したならば、憲法問題に関心ある読者の約半数の方々はもうそれ以上読み進む意思を放棄してしまうのではないかと憂慮するからなのであります。今日の憲法問題とは第九条ばかりではないというのが著者の本当に言いたいことなのですから。

憲法改正に賛成するにせよ、反対するにせよ、日本国憲法には以下に述べるような様々な欠陥や問題点のある事を、客観的かつ冷静に考えていただきたいという思いで、本書を執筆致しました。

各国憲法の制定年とその改正の実態

国　名	制定年	改正の実態
アメリカ合衆国	1788 年	1992 年までに 18 回、27 か条の追補
ノルウェー	1814 年	1995 年までに 139 回、256 か条改正
ベルギー	1831 年	1993 年大改正、96、97、98 年改正
ルクセンブルグ	1868 年	1999 年までに 16 回改正
オーストラリア	1901 年	1988 年までに 8 回改正
メキシコ	1917 年	1987 年までに 96 回改正
オーストリア	1920 年	1986 年から 94 年までに 96 か条改正
リヒテンシュタイン	1921 年	1996 年までに 22 回改正
ラトビア	1922 年	1993 年復活、98 年に改正
アイルランド	1937 年	1997 年までに 17 回改正
アイスランド	1944 年	1995 年までに 6 回改正
インドネシア	1945 年	1959 年復活、2000 年に改正
日本	1946 年	無改正
中華民国	1947 年	2000 年までに 6 回改正
イタリア	1947 年	2000 年までに 10 回改正
ドイツ	1949 年	2000 年までに 48 回改正（注）
コスタリカ	1949 年	1982 年から 97 年までに 12 回改正
インド	1949 年	1995 年までに 78 回改正
フランス第五共和制憲法	1958 年	2000 年までに 14 回改正

（注）ドイツは、2002 年までに 51 回憲法改正をしている（野沢太三参議院憲法調査会長発言）。

（参考）スイス憲法は、1874 年憲法を施行したが、約 140 回の改正を経験し、1999 年 4 月 18 日に全面的改正のための国民投票を実施し、投票率 35・3%、賛成 59・2、反対 40・8、賛成邦 13、反対邦 10 で可決した。

フィンランド憲法は、1919年に施行したが、おびただしい改正を経て、2000 年 3 月 1 日より新憲法を施行した。

以上は、西修駒沢大学法学部教授作成の資料による。

なお、日本の場合には、現行の「日本国憲法」は、「大日本帝国憲法（明治憲法）の改正と言う形式をとっているので、その形式的考え方でゆけば、1889 年制定で 1946 年に 1 回改正があったとも言えます。

日本国憲法　七つの欠陥の七倍の欠陥——だれでもわかるやさしい憲法のお話し◆目次

第二章　「やっぱり我慢できない」七つの欠陥

第三章　「まあいいか、と思える」七つの欠陥

第四章　「どだい無理な」七つの欠陥

第五章　「足りない欠落」七つの欠陥

第六章　「さらに厳しい目で見た」七つの欠陥

第七章　「どうしてなのか」七つの欠陥

第一章　「絶対に我慢できない」七つの欠陥

1

第一の欠陥

「何人も、自己に不利益な供述を強要されない」とあるが、これでよいのか（第三十八条第一項）

憲法第三十八条第一項の規定は「黙秘権」を定めたものです。

ところで、道路交通法第七十二条第一項は「車両等の交通による人の死傷又は物の損壊（以下「交通事故」という。）があったときは、……この場合において、当該車両等の運転者（……）は、警察官が現場にいるときは当該警察官に、警察官が現場にいないときは直ちに最寄りの警察署（派出所又は駐在所を含む。……）の警察官に当該交通事故が発生した日時及び場所、当該交通事故における死傷者の数及び負傷者の負傷の程度並びに損壊した物及びその損壊の程度、当該交通事故に係る車両等の積載物並びに当該交通事故について講じた措置を報告しなければならない。」と定めているのです。

そうなると、この道路交通法の規定は、憲法第三十八条第一項に違反するのではないかということが問題になります。

この道路交通法の規定は、従来、道路交通法施行令第六十七条が規定していたものであり、これが憲法問題となった事件の「昭和三十七年五月二日最高裁判所大法廷判決」は、「(道路交通取締）法の目的に鑑みるときは同法施行令六十七条は、警察署をして、速に、交通事故の発生を知り、被害者の救護、交通秩序の回復につき適切な措置を執らしめ、以って道路における危険とこれによる被害の増大とを防止し、交通の安全を図る等のため必要かつ合理的な規定として是認せられねばならない。しかも、同条二項掲記の「事故の内容」とは、その発生した日時、場所、死傷者の数及び負傷の程度並に物の損壊及びその程度等、交通事故の態様に関する事項を指すものと解すべきである。したがつて、右操縦者、乗務員その他の従業者は、警察官が交通事故に対する前叙の処理をなすにつき必要な限度においてのみ、右報告義務を負担するのであって、それ以上、所論の如くに、刑事責任を問われる虞ある事故の原因その他の事項までも右報告義務ある事項中に含まれるものとは、解せられない。また、いわゆる黙秘権を規定した憲法三十八条一項の法意は、何人も自己が刑事上の責任を問われる虞ある事項について供述を強要されないことを保証したものと解すべきことは、既に当裁判所の判例とするところである。従って、同令六十七条二項(注)により前叙の報告を命ずることは、憲法三十八条一項にいう自己に不利益な供述の強要に当らない。」と言うのが判例の多数意見です。

この補足意見として「……仮令自己の注意義務違反、過失の有無などの主観的責任原因等については報告義務なしとしても、前記の如く事故の態様を具体的、客観的に報告することを義務付けられることは、犯罪構成要件のうちの客観的事実を報告せしめられることになるから、少なくとも事実上犯罪発覚の端緒を与えることになり、多数意見の如く全然憲法三十八条の不利益な供述を強要することにあたらないと断定することには躊躇せざるを得ない。刑訴百四十六条の証言拒絶に関する規定は、憲法三十八条の趣旨に則ったものであるが、操縦者らが若し証人として前記の如き事故の態様に関する事実について証言を求められたときは、自己が刑事訴追を受ける虞のあるものとして右刑訴の規定により証言を拒むことができないであろうか。しかし、前述の如く自己の故意過失等主観的な責任原因などは、報告義務の外に置かれていること及び道路交通の安全の保持、事故発生の防止、被害増大の防止、被害者の救護措置等の公共の福祉の要請を考慮するとき、いわゆる黙秘権の行使が前記程度の制限を受けることも止むを得ないものとして是認さるべきものと考える。」としています。

以上のように、最高裁判所の判決によって知るところは、交通事故で特に人身事故が発生した場合においては、運転者に少なくとも「過失」があれば「業務上過失致死傷罪」が成立するのであり、その運転者からの報告を受けた警察官は、被害者の救護、交通秩序の回復の措置を執るばかりでなく、運転者の刑事責任の追及も当然に考慮するでしょうから（刑事訴訟法第二百三十九条第二項は「官吏又は公吏は、その職務を行うことにより犯罪があると思料するときは、告発をしなければならない。」とある。）、このような交通事故の報告を義務付けることは、とりもなおさず犯罪発覚の端緒（糸口）となる「事故の申告を強要する」ことになりかねないのであり、その点を十分に考慮するからこそ、判例の多数意見は「報告事項を限定した」のですが、それでも矢張り憲法違反の問題は残ります。

しかし、一方では、交通事故に際して、被害者救護と交通秩序の回復を早急に為し得るためには、その交通事故を最も早く知り得る当該事故を起こした運転者をして交通警察に対して適切な措置を執るよう交通事故の報告を義務付けることはまさに合理的なことであります。このため、公共の利益のための行政手続としての交通事故の報告義務と憲法の保障する「黙秘権」とをいかに調和させるかがどうしても問題となるのです。

これは自動車の運転者の「交通事故の報告義務」ばかりではなく、同じようなことが、各種の行政取締法規の規定する報告義務や記帳義務と憲法の規定する「黙秘権」との関係でも同様に問題になっています。

この点で論争となったものや裁判で争われたものとして、①密入国者に対する外国人登録法第三条による登録申請義務、②旧麻薬取締法による麻薬取扱者の記帳義務、③古物営業法第十六条による取引記帳義務、贓物（窃盗、詐欺などの財産犯で得られた財物）の取引と記帳義務、④毒物及び劇物取締法第十四条による「書面記載義務」、⑤覚せい剤取締法第二十八条から第三十条による記帳義務・報告義務、⑥あへん法第三十九条による記帳義務、⑦大麻取締法第十五条・第十六条ノ二・第十七条による報告義務・記帳義務、⑧麻薬及び向精神薬取締法第三十七条による記帳義務、⑨航空法第七十六条の機長に対する国土交通大臣への報告義務、⑩船員法第十九条の船長に対する国土交通大臣への航行に関する報告義務、があります。

このうちの、②及び③から⑧については、これらの記帳、報告義務者は「免許」を受けた者や研究者であることから、その「免許」を受けたことにより、憲法の規定する「黙秘権」を包括的にまた黙示的に放棄したと考えることもできるのだから、憲法の保障する「黙秘権」の問題はないとも言えるわけです。しかし、問題の自動車事故の運転者の報告義務はそのようには考えられないでしょう。

そこで、自動車事故の運転者の報告義務が憲法の「黙秘権」に違反しないとする解釈としては、①報告義務の課せられるのは行政手続なのであり、犯罪捜査を直接の目的とするものではないから元々黙秘権の保障は及ばないので憲法には違反しない、②黙秘権の放棄を擬制するもの、③自己に不利益な事実とは、直接自己の刑事責任を根拠付ける事実であるとの前提から、申告を義務付けられる事実は犯罪事実そのものでないことから憲法違反にはならないとするもの、があります。

とにかく、交通事故の運転者の事故報告義務は前述のように、合理性を有するものであるからこの制度を否定することはできないのであり、しかし、一方では憲法の黙秘権保障の規定があるからどうしても前述のような「合憲解釈」を展開せざるを得ないのですが、やはりこれは無理な解釈であるとの批判を免れません。しかしそれでも、そのような批判が余り高まらないのは、昨今の交通事情に鑑みて、この「自動車運転者の事故報告義務」の制度がいかに重要であるかということに尽きるのであります。従って、つまるところ問題は、憲法の「黙秘権」保障の制度が、元々このような「行政手続」の場合を全くもって予想しなかったことによるものなのです。それは、憲法制定当時の（昭和二十一年当時の）日本の国家社会の実態からすれば無理もないことなのでしょうが、それだけに、現行憲法の古色蒼然たる姿を改めて実感させられるのではないでしょうか。

従って、憲法第三十八条第一項は、犯罪発覚の端緒となるものにあっては、それが行政処分ないしは行政措置であるために、刑事手続ではないとしても、これも「黙秘権保障」の問題とした上で、その「黙秘権保障」の例外とする等の憲法改正がなされるべきであります。

（注）この「令」とは「道路交通法施行令」という「政令」でしたが、現在はこの条文は法律で規定されており、道路交通法第七十二条となっています。

2 第二の欠陥

「逮捕令状」なしで逮捕できるのは「現行犯」だけなのだが、これでよいのか（第三十三条）

結論を言えば「これではよくないのだ」と言うことになります。まず、刑事訴訟法第二百十条第一項を見ますと、次のように「緊急逮捕」という制度を定めています。

「検察官、検察事務官又は司法警察職員は、死刑又は無期若しくは長期三年以上の懲役若しくは禁錮にあたる罪を犯したことを疑うに足りる充分な理由がある場合で、急速を要し、裁判官の逮捕状を求めることができないときは、その理由を告げて被疑者を逮捕することができる。この場合には、直ちに裁判官の逮捕状を求める手続をしなければならない。逮捕状が発せられないときは、直ちに被疑者を釈放しなければならない。」

このようにして、「死刑又は無期若しくは長期三年以上の懲役若しくは禁錮にあたる罪」を犯した疑いの濃厚な犯人、つまりは殺人、傷害、業務上過失致死傷、窃盗、強盗、事後強盗等の犯人については「現行犯」でない場合にもその犯人を逮捕するにつき先ず「裁判官の逮捕状」を請求するという手続を踏んでいたのではみすみすこのような凶悪犯人を取り逃がしてしまうことになるわけですから（急速を要せず裁判官の逮捕状を求める余裕のある場合は別です）、逮捕状なしでとにかく先ずその犯人を逮捕し、その後、直ちに裁判官から逮捕状を求めるという手順でもよいとするものです。そして、もし裁判官の逮捕状が得られなかったならば直ちにその逮捕した者を釈放しなさい、というものです。これが「緊急逮捕」という制度であり、極めて適切で十分に合理性がある制度であると思われます。

しかし問題は、憲法第三十三条では「何人も、現行犯として逮捕される場合を除いては、権限を有する司法官憲が発し、且つ理由となってゐる犯罪を明示する令状によらなければ、逮捕されない。」と規定しているのです。これは、人を逮捕する場合には、「司法官憲」(「司法官憲」という紛らわしい表現をしていますので、検察官や検察事務官もこれに含むという解釈もありましたが、「裁判官」だけを指します)が発した「理由となっている犯罪を明示する令状」、つまり、「逮捕状」がなければならないのであり、その例外は「現行犯」逮捕のときだけだと言うのが憲法の規定なのです。なぜならば、「現行犯」の場合には犯罪を犯したことが明白ですから、不当な逮捕、身に覚えがないのに身体を拘束されるということがないから、逮捕前に「裁判官の逮捕状」を得る必要がないと言うわけなのです。

ところが、憲法の規定では思いもよらないことに、「緊急逮捕」という制度が法律(刑事訴訟法)にあるのです。緊急逮捕のような場合にも憲法の文言通りに「逮捕状」を求めていたのでは前述のように話にならない。そこで「逮捕状」は後でもよいとした。それは現実的、合理的でよいことなのですが、しかし、それでは真っ向から憲法第三十三条と衝突する、つまり、刑事訴訟法第二百十条の「緊急逮捕」は憲法第三十三条に違反して、違憲無効であると言うことになってしまうわけです。

確かにこの「緊急逮捕」は、憲法違反の疑いは濃厚ですが、一方、前述のように充分な合理性のある制度であり、だから、廃止することはできない。そうなれば、不合理なのは「現行犯」だけが逮捕状なく逮捕できるとしている憲法の規定の方ではないか、だから憲法の方を改めるべきではないか、と言うことになります。ところが、それはまさに「憲法改正」となるのですから、話は簡単ではなく、憲法改正は、ほとんど出来そうもない。とすれば、何とか、かんとか解釈で憲法違反ではないことにして、ことを穏便に済まそうと言うことになるわけであります。このため、どう言う理屈なり、解釈なりがあるのかと言えば、以下のようになっています。

ある見解は、憲法第三十三条に規定する「……犯罪を明示する令状によらなければ、逮捕されない」と言うのは「令状の根拠によらなければ逮捕されない」と言う意味なのだから「事後であっても、逮捕に接着した時期に逮捕状が発せられる限りは、逮捕手続を全体として見るときは、逮捕状に基づくものということができる」と説きます。また、ある見解は、緊急の必要性と罪証の明白性を要件としていることを理由として合憲と説き、さらに、ある見解は、形式的には憲法第三十三条違反だが、憲法の精神には違反しないし、緊急逮捕の対象は実質上現行犯に類するものだから合憲であると説きます。確かにこの「緊急逮捕」が合憲であると言うためにはこのような説明しか考えられないでしょうが、大変苦しい説明です。

憲法で定める通常の「逮捕」の場合には犯人を逮捕する前に裁判官に「逮捕状」をもらわなければならないのと比べて、刑事訴訟法で規定する「緊急逮捕」では逮捕が先で、後からその「逮捕行為」を正当化するように裁判官の「逮捕状」を貰うことになるわけで、その「逮捕」が裁判官の納得が得られない場合には「正当化されない逮捕」ということですから、逮捕したその者を直ちに釈放しなければなりません。それでは、とにかく事後に、つまり、逮捕後に令状（逮捕状）が発布されたとした場合にあってはどうかですが、これでも逮捕時点では「令状のない逮捕」であることには変わりはないのですから、憲法第三十三条の文面を素直に読めば、このような「緊急逮捕」が憲法違反であることは明白ではないでしょうか。しかし、憲法の規定を離れて、改めて、この刑事訴訟法第二百十条（緊急逮捕）の規定を見るならば、その規定する内容の合理性には十分納得が行くものと思われます。つまり、現在のわが国の国家社会の犯罪実態に鑑がみて、極めて即応した規定であることが容易に理解できるのであります。このようなこともあって、刑事訴訟法第二百十条（緊急逮捕）の規定が憲法第三十三条に違反すると言う主張は正しいのですが、その主張は強くはなく、それが主張される度にすぐかき消されてしまい、前述のように余り説得力のない合憲とする見解の方が何とはなしに支配的になっているのです。このことは、結局のところ、憲法第三十三条の規定自体が現実に沿わないものとなってしまっているからなのであり、違憲論者もそのことを暗黙に了解しているからなのではないでしょうか。従って、本来ならば、憲法第三十三条を改正して「緊急逮捕」の場合にも「現行犯逮捕」に準ずるようにすべきなのであります。

3 第三の欠陥

「泥棒に追い銭」のような刑事補償制度でよいのか（第四十条）

憲法第四十条は「何人も、抑留又は拘禁された後、無罪の裁判を受けたときは、法律の定めるところにより、国にその補償を求めることができる。」と定めています。

この規定の定める「刑事補償制度」とは、何の罪を犯したわけでもないのに真犯人と間違えられて逮捕され、身柄を拘束され、刑事裁判にかけられたが、元より何の罪も犯したわけではないのですから裁判で「無罪」となる場合をまず想定しています。その場合には、「あなたは無罪となりましたから、もう家にお帰りになって結構です。」と言うだけでは当然済む問題ではありません。たとえ、その人を犯人と間違えたことに国の側に過失がなかったからと言っても、唯単に「無罪放免」と言うだけでは、犯人と間違えられた人は救われません。

そこで、このような人には現在、「一日当たり千円から一万二千五百円」の範囲の金額に、逮捕監禁と言うことで身柄拘束のあった期間（日数）を乗じて得た金額を「刑事補償金」として支給することになっています（刑事補償法第四条）。これだけを見るとこの「刑事補償制度」は大変結構なもののように思われますが、実は、この制度には以下のような問題があるのです。

先ず、刑事補償の要件としては「無罪の裁判を受けたとき」でなければなりません。問題はこの「無罪」の意味するところにあるのです。「無罪」とは、その典型は「無実」あるいは「無辜」(むこ)を指します。このような、元々「無実」又は「無辜」の人が犯人と間違われて刑罰を受けることを、昔から「濡れ衣を着せられた」などと言います。この場合には前述のように当然「無罪の裁判をうけたとき」に当りますから、これは刑事補償金が受けられるわけであります。ここまでは問題はありません。しかし、この「無罪」の意義は実はもっと広いのであって、本来、刑法の概念に由来している「無罪」とは、①人の行為又は不行為が「犯罪の構成要件に該当」し、②その人の行為又は不行為が「違法」であり、③その行為又は不行為に出た人がその時「責任能力を有していた」、というように「犯罪の構成要件該当性」、「違法性」、「有責性」の三要件が揃わなければ「有罪」とはならない、つまりは「無罪」ということとなるのです(注)。ですから、例えば、ある人甲が通行人乙を殺害した場合に、この犯行時に甲が精神異常を来していてその程度が甚だしく、裁判で「責任能力」がないと認定されますと「無罪」の判決が下されることになります。そうなると憲法第四十条と、刑事補償法により、無罪の者は「刑事補償」を国に請求することができるということになるわけなのです。このことから、実際に以下のような刑事補償事件が生じました。

〈事案その一〉……昭和四十三年八月六日付東京地裁判決によれば、東京都T区内の某アパートに住むタクシー運転手甲は、隣室に住む乙とその妻丙が、故意に喧騒な振舞いをして甲の安眠を妨害しているものと信じ込み、昭和四十二年五月二十二日午後九時頃、甲の部屋を訪れた乙を刺殺するとともに、その妻丙をも刺して一ヵ月の重傷を負わせた。しかし、この犯行は、裁判所の判決によれば「妄想による恐怖から衝動的に行った犯行」とされ、心神喪失中の犯行という理由で無罪となった。ここまでは問題はないのですが、この無罪判決を得た甲は、右犯行の裁判のため身柄を拘束された期間四百四十三日に対する刑事補償を請求し、裁判所は、甲に対して、昭和四十三年十二月十日に二十六万五千八百円の刑事補償を決定した。

〈事案その二〉……昭和三十八年十二月九日付神戸地裁姫路支部判決によれば、兵庫県加古川市に住む学生Xは、Xの自宅に寄宿している女子学生A子を強姦しようと企て、昭和三十六年八月二十六日午前四時三十分頃、日本刀を携えてA子の部屋へ忍び込み、近寄ったところ、A子が目覚めたため、A子を刺殺した。この刑事事件の裁判ではXは「病的妄想状態のもとになされたもの」と認定され、その結果、心神喪失中の犯行という理由で無罪とされた。そこで、Xはこの犯罪被疑、被告事件のために五百四日の身柄拘束を受けたということからこれに対する刑事補償を請求し、裁判所は、これを認容し、昭和三十九年六月十日に、十万八百円の補償を決定してこれをXに交付した。

これらの事案は、憲法第四十条と刑事補償法による適法な措置とされるものなのですが、一般国民の常識からするとどうもすっきりしない、いわゆる「腑に落ちない」気がするのであります。そこで当然のことながら、当時、次のような刑事補償反対論が出ました。①心神喪失で無罪になるのは仕方がないとして、盗人に追い銭でその補償までする必要はあるのか、戦前の旧刑事補償法ではこのような場合補償はしなかったのだが、戦後は人権尊重のためこのような場合にも補償を支払わねばならなくなった。②旧法の時代には、心神喪失の責任無能力者のケースは補償を支払わなくともよいという規定があったのに、人権尊重のみ重視した結果こんな不合理極まりないものが制定されたのであろう。人権の重要さを認める点では人後に落ちないが、誤った人権尊重は徹底的に反対する。この場合、殺傷した事実は明白であり、精神鑑定の結果が出るまで拘置されるのは当然である。しかるに無罪であるからとて国が、補償責任を負うなどとは途方もないことだ。③刑事責任の免除に浴した加害者側が、補償請求権を放棄するのがせめて道義的に罪を償おうとする気持ちのあらわれだと思う。それをいくら現行法どおりに請求したとはいいながら、なんとも割り切れない思いがします。

このような当時の新聞の論調に対して当時法律専門家は、概して以上の二つの事案の措置については現行法の解釈運用として妥当であるばかりではなく、このような事案での責任無能力者を刑事補償から除外すべきであるとする考え方に対しても、現在の民主的法秩序の全体の安定の上からも適切でないとしていました。

この考え方は、現行刑事補償法（昭和二十五年法律第一号）に先立つ、旧刑事補償法（昭和六年法律第六十号）では犯罪行為を為した者が刑法第三十九条から四十一条に規定する事由のどれかに当たることにより「無罪」となったものであるときは補償をしないことにしていたのであり、従って、刑法第三十九条第一項（これは「心神喪失者の行為は、罰しない。」）の規定に当たる場合、つまり「有責性のない行為者」の場合の「無罪」には刑事補償をしないこととしていたのであります。そして、実際問題として、殺人等の凶悪な犯行を敢行したことは事実であるが、それが例えば酩酊による心神喪失中の行為であったために「無罪」となったからと言って、このような者に対しても刑事補償を行うのは常識的に見てどうなのかと言うわけではありますが、憲法第四十条はこの「無罪」の裁判には何等の区別をしていないのであり、他方では、犯罪成立の要件としては、①犯罪の構成要件該当性、②行為の違法性、③行為者の有責性の三要件が同等の比重を占めているのであるから、この三つの要件のうちのいずれの一つを欠く場合も「無罪」となるわけでありまして、その場合、「行為者の有責性」を欠く「無罪」を同じ無罪でも特別のものとして、この「無罪」のときにだけは刑事補償を認めないとすることは憲法第四十条の規定の趣旨から見て妥当ではないとして、現行刑事補償法では「行為者の有責性」を欠く「無罪」にもその他の「無罪」と等しく刑事補償を認めることとしたと言うことであります。また、学説としても『註解日本国憲法』の説くところでは「無罪の裁判があったときは必ず補償をしなければならない。旧補償法では、責任無能力のため無罪となったときは、補償をしないとしていた。たしかにその者が人を殺した事実が証明されたのに、勾留に対して補償しなければならないというのは、常識的には、多少の難がある。しかし、責任のない行為は、やはり犯罪ではないのであるから、勾留すべきではなかったのである。憲法は、この場合も補償を要求していると解すべきである。」としています（井上五郎・「刑事補償法の一部を改正する法律について」）。

また、高田卓爾教授は「……憲法第四十条の解釈からいっても無罪の裁判に区別を設けて補償請求権を認めない場合を規定することは許されないということになるようである。ただ、そうすると社会常識からいって補償請求権を認めることがいかにも不合理と考えられる場合が生ずる。例えば自己の自由意思で飲酒酩酊の上、心神喪失の状態で犯行に及んだような場合に無罪の裁判を受けたときでも補償を認めねばならないというのは果たしてどういうものであろうか。……しかし、犯罪成立の一般要件として、構成要件該当性、違法および有責の三つがそれぞれ同等の地位を要求すると見られる以上、責任能力の不存在を理由とする無罪の場合のみを補償の範囲から除外することは、やはり憲法に違反するものといわざるを得ない」としています。

次に、政府の見解として、第六十回国会衆議院法務委員会（昭和四十三年十二月十九日）での法務省刑事局長は「……憲法第四十条にいう無罪というのは、刑事補償という趣旨から考えて見て、憲法第四十条にいう無罪の中に本件のような心神喪失による無罪というようなものを初めから含んでいないんだ、補償という趣旨を憲法の四十条できめたのは、そういうようなものまでも補償するということを憲法四十条が要求しているんではない。こういう説もあるわけでございます。その説に従えば、四十条を受けてできました刑事補償法の無罪というのは当然にもう、そういうような無罪は含まないということでもって読むんだというような有力な説があるわけでございます。ところが、御承知のとおり憲法第四十条の趣旨、しかも明確に憲法という規定の中に刑事補償の根拠規定が確然と掲げられてたということ、それから、旧刑事補償法のときは明確に、心神喪失による無罪は補償しないんだということの明文の規定があったわけであります。ところが新しい憲法を受けて変えた新しい刑事補償法には、あえてその規定を削ったといういきさつから考えますと、彼此考慮いたしまして、総合し考えてみましてこの憲法の四十条の中にも新しい刑事補償法の中にいうところの無罪にも、これは一切の無罪を含むんだ、その無罪の中に甲乙ないんだ、こう解釈するのが適当だ、こういう解釈もあるわけでございます。そこで、このいまの無罪の読み方について、積極、消極の二つの説が前から対立しているのでございますけれども、現に刑事補償法を立案いたしました当時の法務省の考え方、それからまた、国会におけるその趣旨の説明というようなものは、あとのほうの説、四十条の無罪の中にはあらゆる一切の無罪をいうのであって、いまの三条一号のいわゆる権利の乱用にわたるようなものは別といたしましてそれ以外の無罪は、責任性のない無罪であっても、違法性がない無罪でありましても、すべての無罪を含むんだ、こういう趣旨で立案したものであって、これが憲法四十条の趣旨を尊重するゆえんだというふうに説明してきておるわけでございます。……運用といたしましても、四十条の精神といたしましても、責任性がないということではねられた場合におきましても理論上これを補償してやるというのが、常識論は別ですが、法律論上の問題としては理にかなっているじゃないだろうかというようなところが、いまの刑事補償法をつくったときの政府当局の考え方でございます。」と述べています。

以上の「法律専門家」と言われる方々の見解を見ると「心神喪失等による無罪」、つまり「有責性を欠くゆえの無罪」にも「補償をする」ことには「常識的には多少どうか」とか「常識論は別ですが」とか、その他、多少のためらいを残しながらも「法律論としては理にかなっている」と言うことで結んでいるのですが、実に奇怪なことではありませんか。それでは、「心神喪失による無罪には補償を出す」ことは非常識な「法律論」として是認されると言うわけになります。その言い訳として憲法第四十条が補償を認めている「無罪」にはその「無罪」の種類を問わないのであるからと主張するわけです。

しかし、やはり法律専門家の中にも、この刑事補償制度は常識に反するとして、現行刑事補償法を改正して旧刑事補償法のように「心神喪失等による責任能力を欠くための無罪の場合」には刑事補償を認めないことにすべきであると言う主張がなされました。ところが、このような内容の法律改正は憲法第四十条が刑事補償を認めている「無罪」に何等の限定もしていない以上は、憲法よりも下位の法規範である「刑事補償法」において「刑事補償の認められない無罪」、つまり「心神喪失による有責性を欠く無罪」には刑事補償を認めない旨を規定することは憲法違反となるので出来ないことになります。しかし、そうなると前述のように、「旧刑事補償法」ではそのような「無罪」には刑事補償を認めなかったではないかと言われますが、旧刑事補償法の時代には憲法、つまり大日本帝国憲法には、現行憲法第四十条のような明文の刑事補償の根拠規定がありませんでしたから、刑事補償制度は「法律」でもってどのようにでも仕組むことが可能であったわけなのです。そうなると、この「常識はずれの刑事補償制度」、この不合理性の根源は明白に現行憲法第四十条に存在すると言うことになるわけです。本来、この刑事補償制度は前述のように国が、「無辜」ないしは「無実」の者に対して為されたところの、「結果的には違法な身柄拘束等」に対する補償を意図したものであり、それ自体は公正適切なことなのですが、この「無辜」あるいは「無実」を漫然と「無罪」と表現してしまったことから前述のような重大な「非常識」、不合理さを露呈することとなってしまっているわけなのです。

とにかく、現行憲法が昭和二十二年五月三日に施行され、この憲法の規定の適用、運用を具体化するための現行刑事補償法が昭和二十五年一月一日施行された当座及びその後しばらくの間は、政府は前述のように「心神喪失等による責任能力を欠くための無罪」にも刑事補償を行うことの非常識ないしは不合理さを全面的には否定していなかったわけですが、しかし、その後、「被疑者補償規程(昭和三十二年法務訓第一号)」が制定されて、同規程第二条は「検察官は、被疑者として抑留又は拘禁を受けた者につき、公訴を提起しない処分があった場合において、その者が罪を犯さなかったと認めるに足りる十分な事由があるときは、抑留又は拘禁による補償をするものとする。」と定め、さらに、第四条の三では「補償の一部又は全部をしないことができる場合」として「本人の行為が刑法第三十九条又は第四十一条に規定する事由によって罪にならない場合（第一号）」を挙げています。

ここで「刑法第三十九条」とは「心神喪失者の行為は、罰しない。」と言う規定であります（同条第一号）。この点が重要な意味を持つものなのです。つまり、「被告人」となって抑留、拘禁されたときに責任能力がないということで「無罪」となれば国は刑事補償を行わなければならないが、「被告人」とはならない「被疑者」のままでの抑留、拘禁であれば、その者の犯行が責任能力がなかったときは（無罪に相当するが）刑事補償は行わなくてもよいとするものです。それでは憲法違反ではないかと思われるかも知れません。しかし、このような「被疑者」には刑事補償を行わなくとも憲法第四十条には違反しないのです。なぜならば、「被疑者」とは、刑事裁判にかけられない段階の「容疑者」なわけであり、従って、この者については「無罪の裁判」と言うことはあり得ないわけで、それだからこそ、前述の刑事補償規程第二条は「無罪」という代わりに「検察官は、……その者が罪を犯さなかったと認める十分な理由があるときは、」と言う表現をしております。つまり、憲法第四十条は、刑事裁判で「無罪と判決された者」に対する補償なのであり、だから「被告人」であった者に対する補償のことを規定しているわけなのです。一方、刑事補償規程は刑事裁判にかけられない者である「被疑者」について検察官の判断で「（被疑者が）罪を犯さなかったと認めるに足りる十分な事由があるときは」刑事補償を行うが、その被疑者の犯行が「心神喪失者としての行為」（責任能力を欠く者の行為）であったときであるために「罪を犯さなかったと認めるに足りる十分な事由があるとき」に当たる場合には刑事補償をしないことが認められる、というわけであり、これは憲法第四十条では何等規定していない事柄ですから、従って、憲法違反の問題は起こらないのであります。

さて、このように論じてきましたが、それでは責任無能力者に対する「刑事補償」について現実にはどれ程の問題となっているのか、ということでありますが、実際にはそれ程問題が顕在化してはおりません。しかし、実は、その顕在化していないこと自体が問題なのです。例えば、ある者が殺人を犯したとします。そうなると通常は警察官がその行為者を逮捕します。そしてこの逮捕から七十二時間以内に検察官に送致します。検察官はその送致されて来た者について十日以内に刑事裁判にかける(「起訴」する)か否かの判断をしなければなりません、この期間はさらに最大限度十日延長できます。また、犯罪の種類によってはさらに最大限度五日延長できます。そして、検察官はこの「起訴」するか否かの判断基準としては、この被疑者を有罪とする判決が得られる確信が持てるかどうかと言うことになります。従って、「心神耗弱により無罪」と言う判決の可能性が大であれば、大抵は被疑者を公訴しないことになります。そうなると「無罪の裁判」はあり得ませんから憲法第四十条と刑事補償法による「刑事補償」ではなくて、この被疑者に対する前述の「刑事補償規程」による「補償」の問題だと言うことになり、補償が受けられないこともあるということになります。そうなると、前述のような「泥棒に追い銭」の問題が顕在化しないと言うわけなのです。ところが、裁判で有罪の判決が得られる可能性が低いと検察官が判断したときは、検察官はその犯人を起訴しないということになりますと、その犯人は何等罪を問われないことになりますから、これでは「裁判官による裁判」ではなくて、「検察官による裁判」ではないか、と言う不満が生じます。とにかく裁判による「無罪」ならば納得がゆくが、検察官が下手人を「起訴」しないので何らの罪も問われないと言うのでは話しにならない。これが被害者側の受け止め方なのであります。

日本の刑事裁判制度は、国家訴追主義であり、従って犯罪の被害者側はその下手人に対する訴追を要求する権利はありません（刑事訴訟法第二百四十七条）。また、「起訴法定主義」ではなくて「起訴便宜主義」と言いまして、「犯人の性格、年齢及び境遇、犯罪の軽重及び情状並びに犯罪後の情況により訴追を必要としないときは、公訴を提起しないことができる。」（同法第二百四十八条）とありますので、検察官は、被疑者の犯行当時の精神状態には十分な調査を行い、とにかく「責任能力を欠くために無罪」と言うような判決がなされることを極力回避する（つまり、そのような蓋然性があるときは公訴提起をしない）わけなのです。また、日本のマスコミはどういうわけか、重大な刑事事件について「無罪判決」が出ると「鬼の首」でも取ったように「検察またも黒星」などと書き立てるものですから、特に「心神喪失者」の起訴には慎重にならざるを得ないのであって、その結果として「泥棒に追い銭」の問題はほとんど表面に出てこないのであります。

以上のように、現行憲法第四十条は刑事補償の要件を単純に「無罪」と規定したことから、大変な問題を抱え込んでいるわけであり、本条は最も改正が求められる箇所であります。

（注）「無罪」とは、このような実体法的な無罪と、「犯罪の証明がないとき」という訴訟手続法的な無罪がありますが（刑事訴訟法第三百三十六条）、「犯罪の証明がない」無罪はここで問題とすることではありません。

4 第四の欠陥

主任の国務大臣が「署名」できない法律がたくさんあるが、これでよいのか（第七十四条）

憲法第七十四条は「法律及び政令には、すべて主任の国務大臣が署名し、内閣総理大臣が連署することを必要とする。」と定めています。ここで「政令」とは内閣が制定し、所管する法規範であるから問題はないのですが、「法律」については、現行日本国憲法では「三権分立」の国家統治機構を採っているので、国家権力のうち、立法権は「国会」に、行政権は「内閣」に、司法権は「裁判所」に各々帰属し、これら三権はお互いに抑制均衡することによって、権力の独裁化が防止されることとなり、このことが「国民の権利自由」が国家権力から守られると言うことになっているのでありますが、この三権分立がここでは問題となるのです。

つまり、このような関係から、「法律」については、「すべての法律」が「内閣の所管」であるわけではなく、「司法府」つまり裁判所所管の法律もあれば、「立法府」つまり国会所管の法律も数多く存在するという実態があるのです。

さて、そうなりますと、前記のように憲法では「法律……には、すべて主任の国務大臣が署名し、内閣総理大臣が連署する。」と言っては見ても、立法府や司法府には「国務大臣」はいないのですから、このため「署名」する者がいないことになり、このため法律への署名の仕様がないことになります。

そのような場合には一体どうするのでしょうか。

ここで、司法府所管の法律の例を挙げて見ますと、裁判所法・裁判所職員定員法・裁判官分限法・裁判所職員臨時措置法・裁判所の休日に関する法律・法廷等の秩序維持に関する法律・裁判官の育児休業に関する法律・裁判官の介護休暇に関する法律などがあります。また、立法府所管の法律の例を挙げますと、国会法・国立国会図書館法・議院法制局法・議院事務局法・国会職員法・国会予備金に関する法律・国会に置かれる機関の休日に関する法律などがあります。これらの法律は制定の後何度となく一部改正がなされており、その場合には例えば、「裁判所法の一部を改正する法律」とか、「国会法の一部を改正する法律」という形をとりますが、もちろんこのような「一部改正法」についても前述のように憲法第七十四条は「国務大臣の署名」及び「内閣総理大臣の連署」が必要であるとしているわけであり、やはり大臣の署名の問題が起こります。

ところで実際には、「主任の国務大臣」がいないからといって法律に「署名」しないと言うわけにもゆきませんので、現実の運用では「国務大臣」がこれらの法律及びその一部改正法律には「署名」をしています。まず、司法府（裁判所）所管の法律については、「法務大臣」が「主任の国務大臣」として「署名」しています。立法府（国会）所管の法律については、かつては「内閣総理大臣」が「主任の国務大臣」として「署名」しており、現在は、「総務大臣」が「主任の国務大臣」として「署名」していま す（注）。

ここで、なぜ「法務大臣」が登場するのかといえば、これは、裁判所と法務省は同じ法曹関係として、また、大日本帝国憲法下では現在の最高裁判所に相当する「大審院」が「司法省」（現在の法務省の前身）の下に置かれていたということによるのでしょうか。また、国会所管の法律については、かって「内閣総理大臣」が「主任の国務大臣」として「署名」していたのは、内閣総理大臣は内閣の長であると共に、内閣の下の行政機関である「旧総理府」の長であり、この「総理府」の職務権限の一として、他の行政機関のいずれにも該当しない事項について所管することになっていたことから、国会所管の法律については「総理府の長たる国務大臣」である「内閣総理大臣」が「主任の国務大臣」として「署名」することとしていたわけなのです。これらは、本来ならば、司法府所管の法律は「司法府の長」に相当する「最高裁判所長官」かあるいは「最高裁判所裁判官会議」が「署名」するのでしょうが、これらはもとより「国務大臣」ではありませんから、仕方なく前記の「法務大臣」を「主任の国務大臣」になぞらえているのです。言うならば「擬制主任国務大臣」として裁判所所管の法律に署名するわけなのです。また、国会所管の法律についても、立法府の長は衆議院議長と参議院議長でありますから、これら両議長が国会所管の法律に「署名」するべきなのでしょうが、もとよりこれらの議長は「国務大臣」ではありませんから、仕方なく前記のように、かっては「内閣総理大臣」であり、今は「総務大臣」が「擬制主任国務大臣」として国会所管の法律に署名していると言うわけなのです。

このように、「法律」に国務大臣が「署名」するという制度は、大日本帝国憲法第五十五条第二項においても「凡テ法律勅令其ノ他国務ニ関ル詔勅ハ国務大臣ノ副署ヲ要ス」と規定してありました。また、現行憲法のもとになったマッカーサー草案（日本国憲法司令部草案）第六十六条も「一切ノ国会制定法及行政命令ハ当該国務大臣之ニ署名シ総理大臣之ニ副署スヘシ」とありました。おそらくマッカーサー草案が旧憲法の規定を承継したのでしょう。そして、そのマッカーサー草案の規定を現行憲法が引き写したわけであります。しかし、大日本帝国憲法においては天皇が統治権を総攬する国家統治機構であって、もとより「三権分立」ではありませんから、すべての法律は天皇の下、つまりは「内閣」の所管であり、従って、すべての法律には必ず「主任の国務大臣」が存在したわけですから、「法律の署名」には別段事欠かなかったわけです。ところが、マッカーサー草案の起草者は日本国の国家統治機構を「三権分立」と構想したのにもかかわらず、大日本帝国憲法第五十五条第二項の規定を引き写したためにこのような不都合を来してしまったわけなのであります。

ところで前述のような運用における、「法律」に対する「擬制された主任の国務大臣の署名」は憲法違反なのですが、これが憲法違反としてこれまで議論されたことはほとんどありませんでした。この憲法第七十四条について宮沢俊義教授は、「本条のいう「主任の国務大臣」の署名および内閣総理大臣の連署は、単に公証の趣旨をもつだけであり、それが欠けたとしても（実際問題としては、ほとんど生じ得ないことであるが）、その効力には関係がないと見るのが正当であろう。」（宮沢俊義著・芦部信喜補訂『全訂日本国憲法』五百八十四頁）と説かれ、おそらくこのような解釈が一般的だから「擬制国務大臣」が法律に「署名」することは憲法違反の問題にはならなかったのでしょう。しかし、そのように解釈されますと、この憲法の規定はいわば「毒にも薬にもならない」と言うわけであって、そのような規定が最高法規である「憲法」に存在すると言うこと自体、実に驚くべきことではないでしょうか。

（注）内閣総理大臣が「主任の国務大臣」として「署名」した「法律」については、内閣総理大臣の「連署」はしない運用がこれまでなされてきました。

なお、会計検査院の所管する法律である「会計検査院法」や「会計検査院法の一部を改正する法律」についての「主任の国務大臣の署名」も、この会計検査院は内閣とは独立した国家機関でありますから、従って、これらの法律に署名する「国務大臣」は本来、存在しないのであり、前述と同じ問題があります。おそらくは内閣府の長である内閣総理大臣が「主任の国務大臣」という擬制のもとに署名（「連署」ではない）することになるのでしょう。

5 第五の欠陥

最高裁判所裁判官国民審査制度は、世界一の進み過ぎた民主主義なのだが、これは小学生が大学教授の能力を判定するようなもので、これでよいのか(第七十九条)

憲法第七十九条は「最高裁判所裁判官の国民審査」について定めていますが、このような制度は世界を見まわしても、ナショナル・レベルの憲法にはどこにも在りません。僅かに、アメリカのミズリー州とか若干の州の憲法に類似の制度が存在すると聞くにおよんでいます。おそらくは、現行憲法の基となったマッカーサー草案の起草に関わったマッカーサー司令官の幕僚の中に同州出身者がいたことから、この制度をマッカーサー草案に盛り込んだものと考えられます。

そしてこの草案第七十一条は「最高法院ハ首席判事及国会ノ定ムル員数ノ普通判事ヲ以テ構成ス右判事ハ凡ヘテ内閣ニ依リ任命セラレ……右任命ハ凡ヘテ任命後最初ノ総選挙ニ於テ、爾後ハ次ノ先位確認後十暦年経過直後行ハルル総選挙ニ於テ、審査セラルヘシ若シ選挙民カ判事ノ罷免ヲ多数決ヲ以テ議決シタルトキハ右判事ノ職ハ欠員ト為ルヘシ」と国民審査について定めてありました。

さて、この「最高裁判所裁判官の国民審査」は過去十数回行われてきたのですが、これによって「罷免」された最高裁判所裁判官は一人もありません。これは「小学生が大学教授の能力を判定するような制度」と言われているように、選挙民に最高裁判所裁判官の適格性を判断させることが極めて難しいものだからであります。この最高裁判所裁判官の国民審査に当たっては、衆議院議員の総選挙の投票所に、国民審査の便に供するために「審査公報」が用意されており、それには審査対象の裁判官ごとにその「略歴・最高裁判所において関与した主要な裁判・著書・信条・趣味」が記載されています。この記載の中で「最高裁判所において関与した主要な裁判」については、ほんの概略しか記載されておらず、判断資料としては不十分なものです。もっともそれを詳細に記載したとするならば審査する国民がそれを全部読み終えるのには終日かかる場合があるかも知れません。

また、一方では、最高裁判所裁判官に任命されて日が浅いうちに国民審査に当たってしまったために「最高裁判所において関与した裁判」が無いという者も在り得ます。また、「信条」の記載は余り意味がないように思われます。なぜならば、憲法第七十六条第三項は「すべて裁判官は、その良心に従ひ独立して職権を行ひ、この憲法及び法律にのみ拘束される。」とあるからなのです。また、「趣味」の記載も、国民審査は選挙ではなくて、裁判官の適正を判定するものなのですから、審査資料としては意味がないのではないでしょうか。

とにかく、この制度については「廃止論」として以下のような点が挙げられています(注)。

① 国民は裁判官の人格、識見、意見等を知った上で、その適否を判断するということはできないのが普通であるから、国民に審査させるということは無意味であること。
② 裁判官がその時々の世論に動かされ、独立心を失うということが将来おこるかも知れないこと。
③ この制度は、政治的に悪用されるおそれがあり、また、それによって裁判官の独立がおびやかされることになること。
④ 多額の費用を要すること。

⑤　この制度は裁判所と国民との間につながりをつけるものであるといわれるが、国民が形式的に投票するだけで、はたしてつながりができるかは疑問であり、また、そういうつながりをつけなければならないかは疑問であること。
⑥　このような制度はかえって国民に選挙や投票の意義を誤解させることになること。
⑦　リコールという制度は、地域が狭くないと効果を奏しないものであり、全国的な規模でのリコールは無理であること。
⑧　裁判官が選挙によって選任されるものであれば、これをリコールによって罷免することも合理的であるが、罷免のときだけ国民審査に付することとするのは不合理であること。
⑨　国民審査の手続にも非常に欠陥及び弊害があること。すなわち適否の判断がつかないため何の記載もしないという場合にも、それが罷免を可としない票となることは不合理である。この点は、国民審査法の問題であるとする意見もあるが、はたしてこれにかわるべき合理的な投票方法が考えられるかどうか疑わしいこと。
⑩　この制度は国民主権の表現であるから存置すべきであるという意見があるが、国民主権という原理を、ただ理論的に徹底させるだけで、民主主義として徹底すると考えるのは、あまりに単純すぎるものであること。この制度はあまりにも形式的、観念的であり、理想にのみ走りすぎた制度であること。
　以上の「廃止論」に対して、「存続論」とも言うべき主張は、以下のようであります。
①　この制度は、国民が国会議員を選挙し、その国会議員から構成される国会が内閣総理大臣を指名

することにより、立法部と行政部の選任を究極において国民の意思にかからしめていることに対応して、司法部をも国民の意思に基づかしめようとするところに国民主権の具体化としてきわめて重要な意義をもつものであること。また、この制度により、裁判所と国民との間に直接のつながりをもたせることができ、裁判所を国民の裁判所たらしめるうえにも意義があること。

② 裁判所について任命制をとっているかぎり、その罷免にあたって国民審査制をとることは、無言のうちに任命の適正を守る大きな圧力をもち有意義であること。

③ これを廃止すべしとする主張は、国民に裁判官の適否の判断能力がないことを理由とするが、国民が判断することを要するのは、罷免すべきかどうかであり、罷免に値する理由としては、例えば道徳的な事柄等が考えられるが、これについては国民が判断力を欠くとはいえないこと。

④ 多額の費用を要するといわれるが、第一回のときは別として、それ以降は必ずしも多額の経費を要しないこと。

⑤ この制度によって国民の司法に対する認識と近親感を強め、国民に対する司法教育に役立つこと。

⑥ この制度の短所は、世論に抗して判決を下した識見の高い裁判官が国民審査の結果罷免される危険を伴うこと。裁判官が国民審査をおそれ、不羈独立の良心的態度を失うということの二つであろうが、これらいずれの弊害もわが国では起こっていないこと。

ここで、上記のような相当な理想論を展開する「国民審査制度」の「存続論」を見てみると、①は、国民審査制度の趣旨目的を論じているのですが、問題は、国民審査を行う国民がどれだけこの制度を理解しているのか、また、国民が最高裁判所裁判官に相応しい人物を正しく判断するだけの十分な能力があるのか否かであり、この点は、国会議員を選挙する能力とは異なる能力が要求されることを看過してはならないと思います。②は、国民審査が「無言のうちに任命の適正を守る大きな圧力をもち有意義」であると主張するが、それには国民が最高裁判所裁判官に相応しい人物を正しく判断できると言う前提がなければ、こうは言えないでしょう。そうでなければ、単なる理想を述べているにすぎないと思われます。③は、最高裁判所裁判官の国民審査において、その審査基準として、「裁判官の道徳的な事柄」をあげていますが、これについては、裁判官弾劾法で、最高裁判所裁判官を含む裁判官すべてを対象とした弾劾による罷免の「罷免事由」となっていますから、それをさらに「国民審査」の審査基準にすることは無用な重複でしょう。④は、最近の例である平成十二年六月二十五日の第四十二回衆議院議員総選挙の際の最高裁判所裁判官国民審査において、それだけに要した経費は、六億八百二十四万六千八百十円になりました（総務省自治行政局選挙部選挙課回答）。これを「多額の経費」と思わないか否かは論者の経済観念の問題ということだけなのでしょうか。⑤は、「国民に対する司法教育に役立つこと」になれば良いが、とする理想であり願望としては理解できるが、はたして現実にはどれだけ国民に対する司法教育に役立っているでしょうか。⑥は、「これらいずれの弊害もわが国では起こっていない」と主張するが、それは、国民がこの制度に対して無関心であり、無理解であるからなのであり、この点は将来とも変らないのではないでしょうか。

以上のように考えられるわけですから、この国民審査制度は廃止すべきでしょう。なお、読売新聞社の平成十二年五月三日発表の「憲法改正第二次試案」も第一次試案と同様に、賢明にも、最高裁判所裁判官の国民審査制度を廃止しています。

（注）憲法調査会法（昭和三十一年法律第百四十号）により設立された憲法調査会の事務局によってまとめられた「憲法調査会報告書の概要」百七十四頁以下による。

6
第六の欠陥
アメリカの清教徒精神の押し付けによる私学補助制度でよいのか(第八十九条)

憲法第八十九条は「公金その他の公の財産は、宗教上の組織若しくは団体の使用、便益若しくは維持のため、又は公の支配に属しない慈善、教育若しくは博愛の事業に対し、これを支出し、又はその利用に供してはならない。」と定めています。この条文の中で「又は公の支配に属しない慈善、教育若しくは博愛の事業に対し」て「公金その他の公の財産」を支出することが問題になっているわけですが、取り分け「私立学校」(これは「公の支配に属しない」から私立学校なわけなのです)が、現在、「補助金」と言うことで「公金その他の公の財産」が交付されている実態があるわけで、これが、憲法第八十九条に違反するのではないか、ということが従来から問題とされて来ています。

この憲法違反の問題状況は今も変わらないのですが、憲法違反を主張する側も現在はいささか諦めつつあるのか、その声が小さくなってしまっております。これは、それだけ私立学校に対する「公金その他の公の財産」の支出が恒常化して当然のこととなってしまっているからなのでしょう。

ところで、何故このような規定が設けられているのかということですが、現行憲法の基となった、マッカーサー草案の第八十三条は「公共ノ金銭又ハ財産ハ如何ナル宗教制度、宗教団体若ハ社団ノ使用、利益若ハ支持ノ為又ハ国家ノ管理ニ服サザル如何ナル慈善、教育若ハ博愛ノ為ニモ充当セラルルコト無カルヘシ」とあって、この規定を現行憲法第八十九条は引き写したものであります。この草案第八十三条はまさにアメリカ開拓精神、ピューリタン（清教徒）精神の発露されたものであります。元々、アメリカの建国は、イギリス国教会及びイギリスの国家権力からの圧政を逃れてアメリカ大陸へ渡ってきた清教徒によってなされたものであり、このような歴史的沿革からして、清教徒は国家権力に対しては信頼を置いていないのであり、国家権力からは独立独歩の精神を持ち、また、このような「慈善、教育及び博愛の事業」は国家権力とは結び付かないことによって、その自由な精神でもってその事業が全うされると考えられていたのです。

また、一方では、自由主義経済社会のアメリカの実業家、企業家は成功を収めると、その財産を社会事業、つまりは「慈善、教育ないしは博愛の事業」に寄付することが、その実業家、企業家の社会に対する成功の証しであり、アメリカ社会もまたそのような実業家、企業家が大いに賞賛されると言う社会的、精神的風土が存在していたのであり、現在もそのような精神的風土なわけであります（注①）。

従って、これら「慈善、教育、博愛の事業」が成り立って行くためには国家ないしは州政府の援助に頼る必要はないという国家社会であるわけなのです。そして、このアメリカの国家社会の現実をそのまま日本の国家社会の現実でもあると考えて、清教徒精神を及ぼそうとして、その結果現行憲法本条の規定が出来たということなのであります。

勿論、日本の社会にも仏教では伝統的に「喜捨」と言うことが行われてはいますが。それはともかくとして、この憲法の基となったマッカーサー草案の起草者は日本の国家社会の現状認識に疎かったためにこのような規定の基を作ってしまったわけでありますが、しかし、「教育の事業」を例にとって見ても、とにかく国又は公共団体の援助なくしてはほとんどの「日本の私学」は成り立たないことは現実であります。ところがそれでは、援助をしようとしても、「公の支配に属する」ことが援助の要件となっているわけなのです。

しかし、「公の支配に属さない」ことがまさに「私学」なのであります。さあ、ここで「援助する国又は公共団体」側も「援助される私学」側も困ってしまいました。このため、得意の憲法解釈において、「公の支配」の意味を巧みに拡大解釈することとなるわけなのです。例えば、「教育の事業」について、私立学校法（昭和二十四年法律第二百七十号）第五十九条は「助成」という条文見出しで「国又は地方公共団体は、教育の振興上必要があると認める場合には、別に法律で定めるところにより、学校法人に対し、私立学校教育に関し必要な助成をすることができる。」とし、この「別に法律」と言うのが、私立学校振興助成法（昭和五十年法律第六十一号）であり、同法は「公の支配」に関し以下のような規定をしています。

（所轄庁の権限）

第十二条　所轄庁は、この法律の規定により助成を受ける学校法人に対して、次の各号に掲げる権限を有する。

一　助成に関し必要があると認める場合において、当該学校法人からその業務若しくは会計の状況に関し報告を徴し、又は当該職員に当該学校法人の関係者に対し質問させ、若しくはその帳簿、書類その他の物件を検査させること。

二　当該学校法人が、学則に定めた収容定員を著しく超えて入学又は入園させた場合において、その是正を命ずること。

三　当該学校法人の予算が助成の目的に照らして不適当であると認める場合において、その予算についで必要な変更をすべき旨を勧告すること。

四　当該学校法人の役員が法令の規定、法令の規定に基づく所轄庁の処分又は寄附行為に違反した場合において、当該役員の解職をすべき旨を勧告すること。

以上の規定について宮沢俊義教授の説くところでは、これらの「勧告」する権限等では「公の支配」に属するといえるかは疑わしいとされ、さらに、「公の支配」に属するといい得るためには、国または地方公共団体が単なる「勧告」的権限だけでなく、慈善とか教育事業の根本的方向を動かすような権力を持っていることが必要である旨を説いています（宮沢俊義著・芦部信喜補訂『全訂日本国憲法』七百四十三頁）。まさにその通りなのですが、宮沢説のように「公の支配」を解釈すると国又は地方公共団体から「助成」を受ける「私立学校」はもはや「私立学校」ではなくなってしまうのではないでしょうか。おそらくはそうなることが明らかであることから、前述の私立学校振興助成法第十二条の規定することでもって「公の支配」ということなのだと観念しているのではないでしょうか。そして、宮沢説のような正論が必ずしも一般的ではなく、従って、憲法違反の主張がそれほど大きくならないのは、元々、この憲法第八十九条の規定に無理があるからなのであり、そのことが広く一般的に認識されているからなのではないでしょうか。しかし、一方、このことは、この第八十九条の規定が軽視され、無視されていると言うことにも繋がるわけなのであります。

もっとも、「公の支配」の問題は強引にクリアーしたと言っても、憲法第八十九条の規定はやはり気掛かりと見えて、このためにもう一つの手の込んだ操作が為されています。それは、国は、直接に私立学校に「補助金」を交付するのではなくして、「補助金の財源」を「日本私立学校振興・共済事業団」と言う法人に交付し、この「日本私立学校振興・共済事業団」が私立学校へ補助金を交付する、と言う仕組みを採っています（注②）。これは、言葉は悪いが、「日本私立学校振興・共済事業団」が言わば「トンネル機関」になっているのです。このようにして、国から直接には「私立学校」に「補助金」を交付しない体を装うことによって、国の「私立学校」に対する「公の支配」というには合憲論として一般的に疑わしいところを補強して、とにかく「私立学校」への公金の支出を合憲と考えようとしているのです。

以上のように見てきますと、憲法第八十九条はもう無用な規定ではないでしょうか。立法政策としては、同条は削除すべきであり、私立学校に対する国又は地方公共団体の「助成」を正面から認めるべきであります。そして、正面から助成を認める場合においても、勿論、この「助成」は国民ないしは地方公共団体の住民の税金から成り立っているのでありますから、助成する側の国又は地方公共団体にはその助成に係る補助金の使用状況とか会計報告を補助を受けた私立学校に求めることができ、必要に応じては、当該私立学校への立入調査が認められるべきであります。しかしこれは、私立学校が国や地方公共団体の「公の支配」に属しているという理由からでは勿論ありません。

なお、平成十二年五月三日付読売新聞朝刊に掲載された同新聞社の「憲法改正第二次試案」では、現行憲法第八十九条の規定に相当するものは設けてありません。

（注①）平成十二年三月五日付け読売新聞朝刊によりますと「米国の出版社のパトリック・マクガバン会長夫妻が、米マサチューセッツ工科大（ＭＩＴ）に、脳科学の研究費として今後二十年間に計三億五千万ドル（約三百八十億円）を贈ることになった。大学の寄付としては史上最高額。」という記事がありました。

（注②）日本私立学校振興・共済事業団法（平成九年法律第四十八号）は、以下のように規定しています。なお、第二十二条で「事業団」とあるのは「日本私立学校振興・共済事業団」を指します。

（設立の目的）

第一条　日本私立学校振興・共済事業団は、私立学校の教育の充実及び向上並びにその経営の安定並びに私立学校教職員の福利厚生を図るため、補助金の交付、資金の貸付けその他私立学校教育に対する援助に必要な業務を総合的かつ効率的に行うとともに、私立学校教職員共済法（昭和二十八年法律第二百四十五号。以下「共済法」という。）の規定による共済制度を運営し、もって私立学校教育の振興に資することを目的とする。

（業務）

第二十二条　事業団は、第一条の目的を達成するため、次の業務を行う。

一　私立学校の教育に必要な経費に対する国の補助金で政令で定めるものの交付を受け、これを財源として、学校法人に対し、補助金を交付すること。

（以下、省略）

7 第七の欠陥

「地方自治特別法」は地方公共団体の住民投票により成立するのだが、実はこの種の法律は、遠く昭和二十七年以後五十年余に渡って一度も制定されたことがないものなのだ(第九十五条)

憲法第九十五条は「一の地方公共団体のみに適用される特別法は、法律の定めるところにより、その地方公共団体の住民の投票においてその過半数の同意を得なければ、国会は、これを制定することができない。」と定めており、これが「地方自治特別法」と言われるものであります。

そして、日本国憲法は「日本国民は、正当に選挙された国会における代表者を通じて行動し」と「前文」の冒頭で謳っているように原則として「間接民主主義」なのですが、その例外としての「直接民主主義」を定めたものとして、「最高裁判所裁判官の国民審査（第七十九条）」、「憲法改正の国民投票（第九十六条）」、そしてこの「地方自治特別法の住民投票」が在ることは、大抵の憲法の教科書でお馴染みのところであります。

この「直接民主主義」は「間接民主主義」のいわば極わまったところにある制度なものですからそれだけ貴重な制度なわけなのですが、前述のように最高裁判所の裁判官の国民審査はこれまでも数多く実施されて来たわりにはさほどの成果が在ったというものではなく、また、憲法改正の国民投票はもとより一度も行われたことはありません。それでは、問題の地方公共団体の「住民投票」についてはどうなのでしょうか。

この住民投票は、地方自治特別法の成立のために行われるものであり、「地方自治特別法」は、日本がGHQの支配下にあった当時である昭和二十四年から二十七年にかけて幾つか制定されています。その詳細は参議院事務局編「参議院先例諸表」によりますと次のようであります。

地方自治特別法一覧表

①広島平和記念都市建設法案　昭和二十四年五月十日国会提出、五月十一日国会議決、七月七日住民投票、八月六日に「昭和二十四年法律第二百十九号」として公布された。

②長崎国際文化都市建設法案　昭和二十四年五月十日国会提出、五月十一日国会議決、七月七日住民投票、八月九日に「昭和二十四年法律第二百二十号」として公布された。

③別府国際観光温泉文化都市建設法案　昭和二十五年三月二十二日国会提出、四月七日国会議決、六月十五日住民投票、七月十八日に「昭和二十五年法律第二百二十一号」として公布された。

④熱海国際観光温泉文化都市建設法案　昭和二十五年三月二十五日国会提出、五月一日国会議決、六月二十八日住民投票、八月一日に「昭和二十五年法律第二百三十三号」として公布された。

⑤伊東国際観光温泉文化都市建設法案　昭和二十五年三月二十五日国会提出、五月一日国会議決、六月十五日住民投票、七月二十五日に「昭和二十五年法律第二百二十二号」として公布された。

⑥首都建設法案　昭和二十五年三月二十三日国会提出、四月二十一日国会議決、六月四日住民投票、六月二十八日に「昭和二十五年法律第二百十九号」として公布された。

⑦旧軍港市転換法案　昭和二十五年三月十八日国会提出、四月十一日国会議決、六月四日住民投票、

六月二十八日に「昭和二十五年法律第二百二十号」として公布された。

⑧京都国際文化観光都市建設法案　昭和二十五年七月二十二日国会提出、七月二十八日国会議決、九月二十日住民投票、十月二十二日に「昭和二十五年法律第二百五十一号」として公布された。

⑨奈良国際文化観光都市建設法案　昭和二十五年七月二十二日国会提出、七月二十八日国会議決、九月二十日住民投票、十月二十一日に「昭和二十五年法律第二百五十号」として公布された。

⑩横浜国際港都建設法案　昭和二十五年七月二十五日国会提出、七月三十日国会議決、九月二十日住民投票、十月二十一日に「昭和二十五年法律第二百四十八号」として公布された。

⑪神戸国際港都建設法案　昭和二十五年七月二十五日国会提出、七月三十日国会議決、九月二十日住民投票、十月二十一日に「昭和二十五年法律第二百四十九号」として公布された。

⑫松江国際文化観光都市建設法案　昭和二十五年十一月三十日国会提出、同年十二月六日国会議決、昭和二十六年二月十日住民投票、同年三月一日に「昭和二十六年法律第七号」として公布された。

⑬芦屋国際文化住宅都市建設法案　昭和二十五年十二月四日国会提出、同年十二月六日国会議決、昭和二十六年二月十一日住民投票、同年三月三日に「昭和二十六年法律第八号」として公布された。

⑭松山国際観光温泉文化都市建設法案　昭和二十五年十二月四日国会提出、同年十二月六日国会議決、昭和二十六年二月十一日住民投票、同年四月一日に「昭和二十六年法律第百十七号」として公布された。

⑮軽井沢国際親善文化観光都市建設法案　昭和二十六年三月二十九日国会提出、五月二十八日国会議決、七月十八日住民投票、八月十五日に「昭和二十六年法律第二百五十三号」として公布された。

⑯伊東国際観光温泉文化都市建設法の一部を改正する法律案　昭和二十七年五月二十九日国会提出、六月二十日国会議決、八月二十日住民投票、九月二十二日に「昭和二十七年法律第三百十二号」として公布された。

以上が現行憲法下において成立した（成立すると法律の題名中の「案」が取り払われる）地方自治特別法であり、①から⑯までの掲載順位は、これらの法律案の番号順によったものであり、これら法律の制定の順番ではありません。これらのうち、⑥「首都建設法（昭和二十五年法律第二百十九号）」は、その後「首都圏整備法（昭和三十一年法律第八十三号）」附則第四項によって廃止されました。ちなみに、この首都圏整備法は「地方自治特別法」ではありません。また、⑯「伊東国際観光温泉文化都市建設法の一部を改正する法律」は、⑤「伊東国際観光温泉文化都市建設法」の一部改正法であるから、その一部改正の内容は、改正される法律（つまり⑤）の内容になってしまう（つまり、⑤に溶け込んでしまう）ので結局のところ、現存する「地方自治特別法」は、①から⑯のうちの⑥及び⑯を除いた十四件にすぎません。

また、これらの地方自治特別法はすべて議員立法であり、内閣提出のもの（閣法）はありません。議員立法の内訳は、①から⑥まで及び⑧から⑯までは衆議院の議員立法であり、⑦は参議院の議員立法であります。

さて、これらの地方自治特別法のうち、「伊東国際観光温泉文化都市建設法の一部を改正する法律（昭和二十七年法律第三百十二号）」は、法律番号から明らかなように、昭和二十七年（一九五二年）

に成立し、同年九月二十二日に公布されたのですが、この「地方自治特別法」の制定、公布を最後として、それ以降現在（平成十五年、つまり二〇〇三年）に至る迄、彼此五十年余にわたって新たな地方自治特別法は制定されてはいないのであります。

それは一体どのような理由によるものなのでしょうか。

先ず、憲法第九十六条の趣旨、目的について記述している法学協会篇の『註解日本国憲法　下巻』千四百九頁以下によると、憲法は地方公共団体の組織及び運営に関しては法律で一般的に定めるのが原則であるから、その法律では一般的には地方公共団体に対して平等な取扱いをしながら、個別的な法律でもって特定の地方公共団体の住民にとっては不利益、不平等な内容を規定されることがあり得、このような立法者の恣意から特定の地方公共団体の住民を護るべく、そのような法律の制定されることのないように当該地方公共団体の住民投票制度をもうけたものであるとしています。

旧憲法では地方自治制度を規定していませんでしたから、もちろん地方自治特別法の住民投票制度はなかったし、外国の憲法にも見当たらない制度とされていますが、アメリカの諸州では地方自治の円滑な発展の阻害とならないようにするため、州の立法府が個別的な立法をもって一々の地方団体に対して干渉を加えることを防止すべく、諸州は立法府の特別立法に対して「州憲法」で制限を課すこととしました。

例えば、一八七〇年イリノイ州憲法第四条第二十二節、一九三八年ニューヨーク州憲法の改正第九条第三節は、立法府に対して一定の事項についての立法を禁止することとし、また、一八九四年のニューヨーク州憲法が、特定の市に適用される法律については、立法府の議決があった後に当該市の承諾を要するものと定め、また、一九四一年のアメリカ都市連盟の総会で採択した州模範憲法の三百十条中に、「地方法は、それによって影響を受けるべき地域における資格ある投票人が、これに投票し、その過半数が承認するまでは、効力を生じない。」があります。憲法の本条の規定もこの後者の例に多大な影響を受けたものと想定することができます。

このようなアメリカの制度を引き写したものと考えられるマッカーサー草案では、第八十八条は「国会ハ一般法律ノ適用セラレ得ル首都地方、市又ハ町ニ適用セラルヘキ地方的又ハ特別ノ法律ヲ通過スヘカラス但シ右社会ノ選挙民ノ大多数ノ受諾ヲ条件トスルトキハ此ノ限ニ在ラス」となってありました。この規定を承継したものが現行憲法第九十五条と言うことになります。

ところで、あらためてこの現行憲法第九十五条の規定の意味するところを考えて見るわけでありますが、宮沢俊義教授は「本条の意味はすこぶる明確を欠く。」とされ、さらに「ある法律が、はたして「一の地方公共団体のみに適用される特別法」と見るべきかどうかについての客観的な基準が明確でないので、従来の実例においても見られるとおり、本条の実際的適用は、はなはだしくすっきりしないものがある。本条に該当する法律として取り扱われたものについて見ても、はたしてそれらが本条に該当すると見るべきであるか、また、それらについて国会の議決のほかに住民投票を行うだけの合理的な理由があるか、はなはだ疑わしいものがすくなくない。これらの事情を考慮した結果、本条は、全体として、次のように解するのが、おそらくもっともその精神に合致するゆえんであろうか。ある種類の地方公共団体に一般的に適用される法律の規定に対し、その種類に属する特定の地方公共団体に関し、法律で、その地方公共団体としての本質にふれるような重要な例外ないし特例——特に不利益を与える場合——を定めようとするときは、国会は、これを本条にいう「特別法」として、国会の議決を経た後に、さらにその地方公共団体の住民の投票に附し、その過半数の同意を得なければ、法律として成立しないものとすることができる。」（宮沢俊義著・芦部信喜補訂『全訂日本国憲法』七百八十一頁、七百八十二頁）と説かれます。このようにして憲法の大学者をしても本条の「地方自治特別法」の意味するところは十分には把握し得ないわけであります。

とにかく、宮沢教授は「地方自治特別法」の判断基準を説明しているわけでありますが、「法律で、その地方公共団体としての本質にふれるような重要な例外ないし特例」を定めるものは「地方自治特別法」であるとすることは理解できるとしても、さらに、「特に不利益を与える場合——を定めようとするときは」これを「地方自治特別法」として住民投票に附するのだとしている点は不可解であります。なぜならば、国会で議決した法律が場合によってはある特定の地方公共団体に不利益を与えることになるかも知れないときにはその地方公共団体の住民投票に附する（「地方自治特別法」とする）と言うことは、確かに、直接住民の意思を問うことですから、「直接民主主義」として最良の方法かも知れません。しかし、見方を変えれば、国会は選挙で選ばれた国民の代表者で構成する立法機関なのであります。その国会が議決した法律が、場合によってはある特定の地方公共団体に不利益を与える、又は与えるかも知れないから、住民投票によってその地方公共団体の住民の意思を問うというのでは、これは「直接民主主義」の美名に隠れて、国会の立法権者としての責任放棄ではないでしょうか。国会の議決した法律が特定の地方公共団体に不利益を与えることを危惧する理由があると言うのならば、その法律の改正なり修正なりを最終的に行うことが、まさに立法府たる国会の責務であり権能なのではないでしょうか。それを、当該地方公共団体の「住民投票」に附する（預けてしまう）と言うのでは、立法府たる国会の存在理由は何なのでしょうか。そして仮に、こうして住民投票に附して成立した法律（地方自治特別法）が憲法違反の判決を受けたとした場合には、その責任はどうなるのでしょうか。

こうした問題もあってのことかどうかは分かりませんが、前述のように、「地方自治特別法」は、昭和二十七年を最後として今日に至るまで、五十年余の間制定されたことがないままになっているのです。これは、丁度、サンフランシスコ平和条約が発効して、日本国が独立した時期と重なっております。このことは、「地方自治特別法」という日本の制度としては全く馴染みのないものが、ＧＨＱが日本を支配していた当時はそれに迎合して何とかかんとかそれらしき「法律」として制定していたものが、ＧＨＱの退去と共に待ってましたとばかりに、この制度を事実上廃棄したと考えることもできるのではないでしょうか。このようなわけですから、この憲法第九十五条は言わば「死文化」しているものと考えることができます。

もっとも、最近の事態はそのような簡単なものでもない展開になっているようにも思われます。その第一は、国会等の移転に関する法律（平成四年法律第百九号）の制定と前後して、なお一層、「首都移転」の問題が現実味を帯びて来ていることとの関連からなのであります。日本の「首都」を現在の東京都の地域からどこか他の地域、仮にある「県」（Ｘ県）の存在する地域に移転するとしますと、現在の「東京都」の地域が、例えば「東京県」となり、現在の「Ｘ県」の地域が「Ｘ都」（首都）となるわけであり、もちろんその場合にはそのような内容の「法律」が先ず制定されなければなりませんが、この場合の、その「法律」はおそらく「地方自治特別法」と言うことになると思われます。仮にそうなりますと、この「法律」は国会の議決だけでは「法律」とはならず、「首都」移転元の選挙権を有する住民（具体的には有権者たる東京都民）と、移転先の住民（具体的には有権者たるX県民）の各々の「住民投票」が必要であり、その各々が過半数の賛成がなければこの地方自治特別法は成立しないことになります。そうなると、この「首都移転」は現実には極めて難しいものとなるのではないでしょうか。このような展開になりますと、憲法第九十五条は「死文化」していることから生き返って、「この法律」（地方自治特別法）のまさに憲法上の根拠規定としての重要性を持つと言うことになるわけであります。

次に第二として、地方分権の促進とともに市町村の併合及び「道州制」の構想がやはり現実味を帯びてきているのでありますが、この「道州制」を実現するためには地方自治法（昭和二十二年法律第六十七号）による手続きが必要となります。同法第三条第二項は「都道府県の名称を変更しようとするときは、法律でこれを定める。」と規定し、同法第六条第一項では「都道府県の廃置分合又は境界変更をしようとするときは、法律でこれを定める。」と規定しています。これらの規定中の「法律」とは、まさに問題としている「地方自治特別法」であると解釈されています。

ところで「都道府県の廃置分合」とか「市町村の廃置分合」とは、都道府県または市町村の法人格の変動を伴う地方公共団体の区域の変更をいい、通常、合併・編入・分割・分立の四類型があるとされています。この「合併」とは、二以上の都道府県及び市町村を廃止してその区域をもって新たな一の都道府県ないし市町村を置くこと、「編入」とは、ある都道府県ないし市町村を廃止してその区域を他の都道府県ないし市町村の区域に加えること、「分割」とは、一の都道府県ないし市町村を廃止し、その区域を分けて複数の都道府県ないし市町村を設置すること、「分立」とは、一の都道府県ないし市町村の一部を分け、その区域をもって新たな都道府県ないし市町村を設けることである、と説明されています。従って、道州制は、都道府県の廃置分合を伴うものでありますから、道州制を定める法律は地方自治特別法であると言うことになります。

もっとも、平成十五年三月二十日付読売新聞（朝刊）によれば、「都道府県合併簡素化」という見出しで、「総務省は十九日、都道府県が市町村合併と同様に、住民投票などを行わずに合併ができるように地方自治法を改正する方針を固めた。」として、「現行の地方自治法では、都道府県が合併する際には、国会が合併のための特別法を制定しなければならない。特別法を制定する場合は憲法などの規定に基づき関係都道府県の住民投票でそれぞれ過半数の同意を得るという複雑な手続きが必要になる。このため特別法に関する条文を削除し、都道府県の議会が合併を決められるようにする条文を盛り込む考えだ。今のところ、具体的な都道府県の合併の動きはないが、青森、岩手、秋田の北東北三県は地方分権の「受け皿」となる広域連携を進めている。」と報じています。

この地方自治法の一部改正案の内容は今の段階では正確には把握できませんが、一般的に「地方自治特別法の制定手続」を廃止するというものではなくて、都道府県の合併に関する法律（これが解釈上「地方自治特別法」とされるのである）については、その制定に際しては住民投票をしない（つまり「地方自治特別法」としての扱いをしない）と言うことなのではないかと考えられるのであります。しかし、それにしても、ある法律が「地方自治特別法」であるか否かは、憲法第九十五条の解釈によって判断すべきものであって、法律でもって地方自治特別法であるか否かを決めるという性格のものではないでしょう。もっとも、これもその「ある法律」の規定の内容によることではありますが。

ところが、第一の「首都移転」の場合のように、「府県」が「都」となり、あるいは「県」が「府」となること、また、その逆の場合と言うことは、前述の「廃置分合」とは直接関係のない問題であるとされ、このような変更は現行地方自治法は認めていないと解されており、そのような必要が生じた場合には特別の法律を制定するほかはないとされています（成田頼明他編集・『注釈地方自治法』二百九十二頁、二百九十三頁、二百九十四頁）。この「特別の法律」は、確かに現行地方自治法が想定している「地方自治特別法」ではないかも知れませんが、それだけのことであって、私は、前例からすれば、これも一種の「地方自治特別法」であると思います。しかし、右著書ではそれが地方自治特別法であるか否かは何とも論じていません。

以上のようにして、「地方自治特別法」であることを決定するための明確な判断基準は確立されていないのです。それはともかくとして、以下に掲げる法律は、従来、「地方自治特別法」とされたものと比較するならば、やはり「地方自治特別法」として取扱われたとしてもよかったのではないかと思われますが、実際には「地方自治特別法」としては扱われませんでした。

① 北海道開発法（昭和二十五年法律第百二十六号）
② 奄美群島振興開発特別措置法（昭和二十九年法律第百八十九号）
③ 首都圏整備法（昭和三十一年法律第八十三号）
④ 首都圏の既成市街地における工業等の制限に関する法律（昭和三十四年法律第十七号）

⑤ 近畿圏整備法（昭和三十八年法律第百二十九号）
⑥ 古都における歴史的風土の保存に関する特別措置法（昭和四十一年法律第一号）（注）
⑦ 首都圏近郊緑地保全法（昭和四十一年法律第百一号）
⑧ 筑波研究学園都市建設法（昭和四十五年法律第七十三号）
⑨ 沖縄振興開発特別措置法（昭和四十六年法律第百三十一号）
⑩ 明日香村における歴史的風土の保存及び生活環境の整備等に関する特別措置法（昭和五十五年法律第六十号）

次に、参考までに、日本の法制度史上特異なこの「地方自治特別法」について見ることにします。

広島平和記念都市建設法（昭和二十四年法律第二百十九号）同年八月六日公布、施行

日本国憲法第九十五条の規定に基く広島平和記念都市建設法をここに公布する。

広島平和記念都市建設法

（目的）
第一条　この法律は、恒久の平和を誠実に実現しようとする理想の象徴として、広島市を平和記念都市として建設することを目的とする。

（計画及び事業）

第二条　広島平和記念都市を建設する特別都市計画（以下平和記念都市建設計画という。）は、都市計画法（昭和四十三年法律第百号）第四条第一項に定める都市計画の外、恒久の平和を記念すべき施設その他平和記念都市としてふさわしい文化施設の計画を含むものとする。
2　広島平和記念都市を建設する特別都市計画事業（以下平和記念都市建設事業という。）は、平和記念都市建設計画を実施するものとする。

（事業の援助）
第三条　国及び地方公共団体の関係諸機関は、平和記念都市建設事業が、第一条の目的にてらし重要な意義をもつことを考え、その事業の促進と完成とにできる限り援助を与えなければならない。

（特別の助成）
第四条　国は、平和記念都市建設事業の用に供するために必要があると認める場合においては、国有財産法（昭和二十三年法律第七十三号）第二十八条の規定にかかわらず、その事業の執行に要する費用を負担する公共団体に対し、普通財産を譲与することができる。

（報告）
第五条　平和記念都市建設事業の執行者は、その事業がすみやかに完成するように努め、少なくとも六箇月ごとに、国土交通大臣にその進捗状況を報告しなければならない。
2　内閣総理大臣は、毎年一回国会に対し、平和記念都市建設事業の状況を報告しなければならない。

（広島市長の責務）
第六条　広島市の市長は、その住民の協力及び関係諸機関の援助により、広島平和記念都市を完成することについて、不断の活動をしなければならない。

（法律の適用）

第七条　平和記念都市建設計画及び平和記念都市建設事業については、この法律に特別の定がある場合を除く外、都市計画法の適用があるものとする。

附　則

1　この法律は、公布の日から施行する。

2　この法律の施行の際現に執行中の広島特別都市計画事業は、これを平和記念都市建設事業とする。

このようにして、「広島平和記念都市建設法」は、一般法である「都市計画法」の「特別法」であり、憲法第九十五条に規定する「一の地方公共団体のみに適用される特別法」である、と国会が認識したことから、「一の公共団体」たる「広島市」の住民投票にかけたわけであります。さらに、「旧軍港市転換法（昭和二十五年法律第二百二十号）」は、第一条の「目的」では「この法律は、旧軍港市（横須賀市、呉市、佐世保市及び舞鶴市をいう。以下同じ。）を平和産業港湾都市に転換することにより、平和日本実現達成に寄与することを目的とする。」と規定しています。このことから、この「地方自治特別法」は、「一の地方公共団体」に当るものが「横須賀市、呉市、佐世保市及び舞鶴市」でありますから、これら各々の市の住民の「住民投票」にかけられて成立した法律なわけであります。

（注）この法律の適用対象である地方公共団体は、京都市、奈良市、鎌倉市と、それから、この法律が「政令」

に委任しているところのその政令では、「天理市、橿原市、桜井市、奈良県生駒郡斑鳩町、奈良県高市郡明日香村」を適用対象である地方公共団体に指定しています。

第二章　「やっぱり我慢できない」七つの欠陥

1 第八の欠陥

憲法第七条は、事項の無原則な列挙にすぎないが、これでよいのか

憲法第七条は、第一号から第十号に渡って天皇の「国事行為」を掲げていますが、これら各号間は均衡が取れていません。と言うのは第一号から第四号までと、第七号、第九号、第十号の規定の末尾が「……すること。」あるいは「……こと。」となっておりますが、これに対して第五号、第六号、第八号は規定の末尾が「……を認証すること。」となっております。

それではこのように「認証する」と言う国事行為と、そうでない国事行為を分けることの合理的理由、基準は何なのでしょうか。さらに言うならば、第九号は「外国の大使及び公使を接受すること」が天皇の国事行為と定めているのですが、そうならば第五号の「……並びに全権委任状及び大使及び公使の信任状を認証すること」とか、第八号の「批准書及び法律の定めるその他の外交文書を認証すること」と言うように、これらは共に「認証」であり、これでは同じ外交関係であることから、第五号・第八号は第九号と平仄が合わないことになるわけです。

また、第七号は「栄典を授与すること」と定めていますが、第六号は「大赦、特赦、減刑、刑の執行の免除及び復権を認証すること」と言うように「認証」でありますから、やはり両者の平仄が合いません。また、第二号では「国会を召集すること」を天皇の国事行為として掲げていますが、それな

らば憲法第五十四条第二項が衆議院の解散中に「参議院の緊急集会」を開くことのできる根拠を定めており、これと第二号との釣り合いを図る必要があるのではないか。それには、この「参議院の緊急集会を召集すること」を天皇の国事行為として第七条の列挙事項の一つとして加えるべきでしょう。また、第四号は「国会議員の総選挙の施行を公示すること」と定めていますが、この表現では衆議院議員の選挙だけを定めているように受け取られてしまい、どうも不適切な表現です。

元々この規定はマッカーサー草案が天皇の国事行為として「総選挙ヲ命ス」(同草案第六条第四号)と規定していたものを引き継いだのですが、その草案では国会を「一院制」としていたので、それはそれで平仄はあっていたのです。ところが、帝国議会でこの憲法草案を審議する過程で「衆議院」と「参議院」の二院制とすることにしたのですが、その際には当然「衆議院議員」の選挙と「参議院議員」の選挙の施行を公示することに適応するような修正をすべきであったものを、その時はこのような国政選挙のことまでには注意が向かなかったため、このような整理漏れが生じたのです。

もっとも、この第四号の「国会議員の総選挙」についての一般的な解釈は、衆議院議員の「総選挙」と参議院議員の「通常選挙」の両方を意味するとされています。憲法の解釈としては相当と思われますが、法文の表現としては、前述のような経緯もあって、適切ではないと思います。

2 第九の欠陥

憲法第八条は、これでは天皇及び皇族の経済生活は成り立たないが、これでよいのか

憲法第八条は、「皇室に財産を譲り渡し、又は皇室が、財産を譲り受け、若しくは賜与することは、国会の議決に基かなければならない。」と定めています。この規定の趣旨目的は、宮沢俊義教授の説くところでは、戦前の日本の皇室が広大な皇室御料等の財産を有する大財閥であったこと、この皇室財産の法的性格が明瞭でなく国有財産ではないが、そうかと言って天皇及び皇族の純然たる私有財産と見ることもできないものであり、そうなるとこの皇室財産は法的規制があいまいなものであったことから、戦後は皇室財産のうちの従来の「御料」を原則として国有財産に編入し、天皇の私有財産を国家的な性格を有する財産から厳格に区別するとともに、天皇の純然たる私有財産に関する行為についてもこれを国会のコントロールのもとに置こうとした、と言うものです。

そして、さらに同教授は、「少数の金持、または多数人が、募金などの方法により、巨額の金を天皇に贈与（献上）することが無制限に許されれば、ふたたび天皇の財閥的地位が復活しないともかぎらない。そして天皇が大きい私有財産をもつようになった場合、天皇がそれを、天皇の地位から見てのぞましくない目的（ある特定の政党に選挙資金を与えるなど）に、使うこともあり得ないではない。そこで憲法は、そういうことを防ぐ意味で、本条を設け、天皇の手から財産が出る場合と天皇の手に

財産が入る場合、国会の議決をもって、その行為の効力要件としたのである。国会は、それらの場合に、その天皇の財産授受がはたして天皇の地位から見てのぞましくないかどうかを審査し、のぞましくない行為ではないとみとめたら、これを議決（承認）し、のぞましくない行為だとみとめたら、これを否決することによって、右にのべられたような危険を防ぐことが、ここで期待されているのである。」と説いています。

この規定はマッカーサー草案が基本になっており、同草案第七条は「国会ノ承諾ナクシテハ皇位ニ金銭又ハ其ノ他ノ財産ヲ授与スルコトヲ得ス又皇位ハ何等ノ支出ヲ為スコトヲ得ス」とあって、この草案の起草者である当時のGHQの考え方は、天皇の財閥化が日本の保守的勢力の結集するところとなり、それがGHQの押し進める日本の民主化に対する大きな障害となるとしてこのような規定を設けたのであると一般に説明されてもいます。

さらに、宮沢俊義教授によると、本条は、天皇及び皇族の法律行為能力を著しく制限し、一種の無能力者たる地位に置くものである、と説いています。しかしそうなると同教授が説くように、次のような不都合を来すことになるわけであります。「本条が売買のような有償の移転までをも国会の議決にかかわらしめていることは、実際上、きわめて不便である。例えば、天皇は、日常生活に必要な食糧を買うにも、国会の議決が必要となる。なぜなら、売買は、天皇が他人に財産を譲り渡す行為であり、同時にまた他人から財産を譲り受ける行為であるから、本条はさらに、財産の大小にかかわりなく一様にその移転を国会の議決にかかわらしめている点でも、実際上きわめて不便である。例えば、天皇が旅先で、土地の土産物の贈与（献上）を受ける行為も、また、極端にいえば、往来で赤い羽根の募金に応ずる行為も、いちいち国会の議決を要することになる。本条を文字どおりに適用すると、かような不便が生ずるということは、たまたま本条が立法技術的に見て、できがよくないことの一証ともいえよう。」（宮沢俊義著・芦部信喜補訂『全訂日本国憲法』百四十八頁から百五十頁）。

しかし、この「できがよくないこと」のもっと分かりやすい例を井手成三氏は、その著書『困った憲法・困った解釈』で次のように記述しています（注）。

「大きな鯛がとれた。あまり立派だから陛下に献上しましょうと、土地の漁業協同組合長さんが、モーニングをきこんで、宮内庁の受付へあらわれても、そう簡単には、この赤誠は、嘉納するわけには参らぬ。憲法第八条という規定もあることであるから、宮内庁は、内閣を通じてまず衆議院へ、「大鯛一尾を皇室へ無償にて譲り渡すの件」を持ち込み、内閣委員会、そして本会議の審議可決を型のごとく済ませ、次いで、参議院で、同じく所定の手続に移り、天皇財閥化のおそれもなく、併せて、放射能の検出量も差し支えなく、イタイイタイ病のおそれもなく、保健上差し支えがない等々で、国会は承認する。まずは、「めでたい、めでたい」で、宮内庁の係員から、陛下に差し上げようと思った頃には腐っていた。」

この井手氏の例え話は単なる笑い話では済まないのであって、実際問題として、本条を文字どおり適用するとこのような不都合が生ずるわけであります。これは放置することはできない事柄でありますから、このため、憲法第八条の不合理さを憲法解釈、運用上で是正するために、昭和二十二年一月十六日に「皇室経済法（昭和二十二年法律第四号）」が公布されました。

この法律によりますと、①相当の対価による売買等通常の私的経済行為に係る場合、②外国交際のための儀礼上の贈答に係る場合、③公共のためになす遺贈又は遺産の賜与に係る場合、④毎年四月一日から翌年三月三十一日までの期間内に、皇室がなす賜与又は譲受に係る財産の価額が、別に法律で定める一定価額に達するに至るまでの場合、の四つの場合には国会の議決はいらないこととしました。ここで「別に法律で定める」とは、昭和二十二年十月二日公布の「皇室経済法施行法（昭和二十二年法律第百十三号）」であり、それによると、①天皇及び皇后、太皇太后、皇太后、皇太子、皇太子妃、皇太孫、皇太孫妃、内廷にある其の他の皇族については、これらの者を通じて、賜与の価額は千八百万円、譲受の価額は六百万円とし、②それ以外の皇族については賜与及び譲受の価額はそれぞれ百六十万円とし、成年に達しない皇族についてはそれぞれ三十五万円とし、これらの金額の範囲内では国会の議決はいらないと定めています。

とにかく、憲法第八条は、この二つの法律に定めるような措置をとることでその不都合さを緩和しているのですが、とにかく原則として天皇及び皇室の方々の私的な経済生活が一々国会の議決を経なければならないと言う極度の不便を天皇及び皇族の方々に強いることになるわけであり、改めてこの憲法第八条が途方もない規定であることが認識されると思います。ところで、皇室経済法が公布されたのが、前述のように昭和二十二年一月十六日で（皇室経済法施行法の公布は同年十月二日）であり、現行憲法の施行が昭和二十二年五月三日であることと照らし合わせて見れば、憲法施行前に既にこの憲法第八条の規定の不合理さが分かっていたと言うことであります。

ともかく皇室経済法と皇室経済法施行法によって、憲法第八条の不合理性の緩和を図った訳でありますが、厳密に言えば、あるいは素直な文理解釈からすれば、この両法律は憲法第八条に違反する違憲の立法である疑いが濃厚であります。しかし、これまでそのような違憲問題は主張されませんでした。それはこの憲法第八条の規定があまりにも常軌を逸したものであることが認識されているからなのであります。

（注）井手成三著『困った憲法・困った解釈』（時事新書）三十二、三十三頁

3

第十の欠陥

憲法第三十五条の「令状」は時代遅れで、「通信傍受」のための「傍受令状」の根拠規定とはなり得ないという疑問があるが、これでよいのか

ここで「通信傍受」とは、電話その他の電気通信施設でもって現に行われている他人間の通信について、その通信の内容を知るため、その通信のいずれの当事者の同意も得ないで、つまり、通話の当事者が全く知らないうちにその通話内容を傍受することであります。もっとどぎつく言えば「通話盗聴」をすることで、アメリカでは「ワイヤータッピング」などと言われるものです。

最近、この「通信傍受」(電話盗聴)が制度として一定の種類の犯罪の捜査に認められることになりました。その根拠となる法律が「犯罪捜査のための通信傍受に関する法律(平成十一年法律第百三十七号)」であり(以下、「傍受法」と省略します)、この法律は平成十二年八月十五日に施行されましたから、もう既に、犯罪捜査のためにこの電話盗聴は制度として行われているはずです。

さて、それではなぜこのような「通話盗聴」が必要なのかということですが、傍受法第一条に「この法律は、組織的な犯罪が平穏かつ健全な社会生活を著しく害していることにかんがみ、数人の共謀によって実行される組織的な殺人、薬物及び銃器の不正取引に係る犯罪等の重大犯罪において、犯人間の相互連絡等に用いられる電話その他の電気通信の傍受を行わなければ事案の真相を解明することが著しく困難な場合が増加する状況にあることを踏まえ、これに適切に対処するため必要な刑事訴訟

法（昭和二十三年法律第百三十一号）に規定する電気通信の傍受を行う強制の処分に関し、通信の秘密を不当に侵害することなく事案の真相の的確な解明に資するよう、その要件、手続その他必要な事項を定めることを目的とする。」と定めているように、一定の重大犯罪（①大麻取締法違反である大麻の栽培・輸入等・所持・譲渡し等の罪、②覚せい剤取締法違反の覚せい剤の輸入・所持・製造・譲渡し等の罪、③出入国及び難民認定法違反の集団密航者を不法入国させる行為等・集団密航者の収受等の罪、④麻薬及び向精神薬取締法違反のモルヒネ等の輸入・所持・譲渡し等の罪、⑤武器等製造法違反の銃器無許可製造等の罪、⑥あへん法違反のけしの栽培・あへんの輸入等・譲渡し等・所持等の罪、⑦銃砲刀剣類所持等取締法違反の罪、⑧国際的な協力の下に規制薬物に係る不正行為を助長する行為等の防止を図るための麻薬及び向精神薬取締法等の特例等に関する法律違反の罪、⑨組織的な犯罪の処罰及び犯罪収益の規制等に関する法律違反の組織的な殺人の罪）、は、その犯行手口が格段に巧妙になってきており、このため、その犯罪捜査には「電話盗聴」によらなければ十分な成果を挙げることが不可能になっていると言う現実があるからです。

しかし、そうは言っても、憲法第三十五条第一項は「何人も、その住居、書類及び所持品について、侵入、捜索及び押収を受けることのない権利は、第三十三条の場合を除いては、正当な理由に基いて発せられ、かつ捜索する場所及び押収する物を明示する令状がなければ、侵されない」と定めてあり、第二項は「捜索又は押収は、権限を有する司法官憲が発する格別の令状により、これを行ふ。」とありますから、もとより無制限な電話盗聴ができるわけではありません。

そこで、傍受法は、検察官、国家公安委員会又は都道府県公安委員会が指定する警視以上の地位にある警察官、麻薬取締官、海上保安官の請求により裁判官が発する「傍受令状」によらなければ電話盗聴はできないと定めています。また、その「傍聴令状」により電話盗聴のできる期間にも制限があり、最大限十日（この期間は延長が認められ、それを含めると、三十日間可能）と定めています。

次に、電話盗聴が認められる場合にあって、犯人間の通信、会話が常にすべて犯罪に関するものとは限らないわけですから、傍受令状によって捜索ないしは押収の対象とされる「通信ないしは会話」でなければ盗聴の対象とはなりません。このため、「傍受令状の記載事項」には「傍受すべき通信」の特定、限定が必要です。

しかし、犯人間の通信、会話のうちで、「傍受すべき通信」とそれ以外の通信とが明確に分けられるというようなことは通常あり得ないわけです。このため、傍受法第十三条は「該当性判断のための傍受」として、第一項は「検察官又は司法警察員は、傍受の実施をしている間に行われた通信であって、傍受令状に記載された傍受すべき通信（以下単に「傍受すべき通信」という。）に該当するかどうか明らかでないものについては、傍受すべき通信に該当するかどうかを判断するため、これに必要な最小限度の範囲に限り、当該通信の傍受をすることができる。」と規定しています。

さらに、これに関して、同法第十四条では「他の犯罪の実行を内容とする通信の傍受」と言う「条文の見出し」でもって「検察官又は司法警察員は、傍受の実施をしている間に、傍受令状に被疑者として記載されている犯罪以外の犯罪であって、別表に掲げるもの又は死刑若しくは無期若しくは短期一年以上の懲役若しくは禁錮に当たるものを実行したこと、実行していること又は実行することを内容とするものと明らかに認められる通信が行われたときは、当該通信の傍受をすることができる。」と定めています。こうなると、もはや通信傍受、電話盗聴の対象を事前に特定、限定して「傍受」令状を裁判官に請求して通信傍受を行うという「令状主義」ではなくなってしまいます。

前述のように、この「電話盗聴」について規定する傍聴法は、その根拠を現行憲法に求めるとすれば、前述のように憲法第三十五条と言うことになります。そして、この憲法の規定は、犯罪についての「捜索、押収」に関するものであり、元々、その「捜索、押収」の対象物はいわゆる「有体物」なのであり、有体物の捜索、差押を想定した規定なのであります。これは無理もないことですが、今日のような高度な電気通信社会などは想定できなかった時代でしたから、従って、無体物である「電気通信」が「捜索、押収」の対象となることなどは全く思いも依らない、はるかに考えの及ばなかったそういう時代の憲法第三十五条の規定であったわけなのです。その時から、五十有余年を経て、今日の高度の文明社会とその陰の部分としての高度凶悪犯罪の社会に対処するには、現行憲法の三十五条は余りにも田園牧歌的な国家、社会の犯罪を前提としたのどかな規定にすぎないのだと言わざるを得ません。

しかし、憲法は憲法ですから、傍受法はこの憲法第三十五条に違反することは認められません。このために、有体物の押収のときに「押収する物を明示する令状」が要求されるように、無体物の押収に相当する通信傍取のための「傍受令状」における「傍受令状の記載事項」にも「傍受すべき通信」を特定、限定、明示することが要求されるのです。たとえ犯罪における有体物押収と言っても、犯人の所有する物（有体物）を何でもかんでも押収できるわけでは勿論ありませんから、犯罪に関係のある有体物で押収の対象となる物を押収前に特定、限定することが要請されるわけで、そうであるとすれば、これとの対比でもって、無体物である「通信、会話」を押収しようとする場合にも、その「通信、会話」の押収すべき部分を特定、限定しなければならないということになるわけなのです。

しかし、無体物を「押収」する前、つまりは「傍受、盗聴」する前に特定することが可能なのでしょうか。これは前述したことの繰り返しにはなりますが、盗聴、傍受の対象である通信、会話とそれ以外の通信、会話とが都合よく特定・分離されるものなのか、という問題です。この特定・分離はほとんどの場合不可能であります（注①）。従って、結局のところは、傍受令状に記載された「傍受すべき通信」は、電話盗聴、傍受が終了した後に、「傍受すべき通信」と『それ以外の通信」とを分けるときに意味があるということになるのであって、これでは前述の有体物の押収のように押収前に押収する物を分離・特定することによって、当該事案と関係ない物まで一財合財が押収されることを免れると言うこの制度の実益はないことになります。

また、傍受法第十四条では、傍受の最中に本来の「傍受すべき通信」以外の一定の犯罪に係る通信、会話が「傍受、盗聴されてしまった場合」には、これはそのものに関する「傍受令状」はなくても第十三条による「傍聴」と同様に有効であるとされています。これは捜索、差押を効果的に遂行するということその限りにおいては極めて合理的なのでありますが、一方では基本的人権保障の点を考慮している憲法第三十五条の規定に違反するものと思われます。このため、別の考え方はこの通信傍受の根拠を憲法第三十一条に求めます。憲法のこの規定は刑罰の実体規定と刑事手続規定との根拠法とされることから、余りしっくりとはしませんが、「傍受法」の根拠規定と言えなくはないかと思われます（注②）。

以上、傍受法に基づく「通信傍受、電話盗聴」の制度は、現在のわが国の犯罪状況に対応して極めて合理的かつ、的確なものでありますが、現行憲法第三十五条の規定からすると、どうも憲法違反の感を免れません。そこで前述のように憲法第三十一条の「適正手続条項」を根拠とする見解があるのですが、この方がまあ無難であるという以上に積極的な明確な根拠としては物足りない感じでありま す。ともかく、この「通信傍受制度」が現在の日本の国家、社会においては極めて有益であることは否定できないのであり、この制度の確固たる根拠を憲法に見出すことが出来ないと言うことは、結局のところ、憲法の方が数段遅れていると言うことなのであります。従って、「有体物の捜索ないし押収」について規定した憲法第三十五条を安直に「無体物の捜索・押収」である「通信傍受」の憲法上の根拠とするのではなくて、「通信の傍受」と言った、「無体物の捜索、押収」に相応しい根拠規定を新たに憲法に規定することが必要となっているのであります。

(注①) 尾吹善人教授は、捜査官憲の盗聴器使用は特別公務員職権濫用罪を構成するかについて判断した東京高裁昭和二十八年七月十七日刑事部決定の評釈において「……具体的な捜査目的に関連性のある会話のみの盗聴は捜査官憲の権限内に属するという判旨は、あたかも血のない純粋の肉一ポンドはシャイロックの権利に属すると宣言した「ヴェニスの商人」の女裁判官を連想させる。芝居の方では、一滴の血もまかりならんという非現実的な論理で、結局すべての権利が否定されたが、本件の裁判官たちは、血のない肉がないように、決してありはしない捜査目的に関連性をもつ会話のみの盗聴を想定し、これを合憲とした。こんな都合のよい盗聴がありえないことは、決定とほとんど同時に書かれた本件裁判長自身の論文も認めている。盗聴について、その内容による憲法上の制限というものは、およそ、想定することができない。」としています（『憲法の判例』第二版　基本判例シリーズ1　百二十八、百二十九頁）。これは当意即妙な例示を挙げた実に見事な説明であります。

（注②）新庄一郎法務省刑事局参事官は「……ワイヤータッピングという捜査手法が憲法上許容されるかどうかについては、①ワイヤータッピングにも憲法第三十五条の適用があるが、対象の不明確性・特定不可能性から同条を満たし得る令状はあり得ないので、憲法上不可とする見解（鵜飼信成・『憲法』百十頁）、②憲法三十五条の適用を前提としつつ、ワイヤータッピングの特殊性に応じた新たな令状を設けることは可能とする見解（平野龍一・『刑事訴訟法』百十三頁）、③憲法三十五条の適用範囲を有体物に限定し、ワイヤータッピングについては同法三十一条の適正手続の保障に関する規定が要求する合理的な方法によらなければならないとする見解（田宮裕・『強制捜査』総合判例研究叢書刑訴法（16）三百八頁）、④憲法三十五条を有体物に限定しつつ、同法二十一条二項後段の通信の秘密の保障それ自体に同法三十五条の趣旨を読み込もうとする見解、⑤憲法三十五条は有体物に限られるから、非有体物に関するワイヤータッピングについては令状は必要ないとする見解（Olmstedv・U・S・438・-1928）が成立し得るとされているが（佐藤幸治・『憲法Ⅱ人権（1）』六百六十三頁以下）、憲法論としては、⑤の見解は論外として、憲法三十五条が捜索・押収の対象を「住居、書類及び所持品」としていることから、捜索・差押の対象を非有体物たる通話まで拡張することは解釈上困難であると思われるので、同条はワイヤータッピングの合憲性の根拠とはなりえず、同法三十一条に依拠すべきであろう（島田仁郎・『令状基本問題』七頁）」とされる（新庄一郎「通話両当事者が関知しない形態での通話内容の傍受について」警察学論集第四十四巻第十号四十七、四十八頁）。

4 第十一の欠陥

憲法第三十六条の、絶対に禁止する残虐な刑罰とは何なのか

憲法第三十六条は、「公務員による拷問及び残虐な刑罰は、絶対にこれを禁ずる。」と規定しています。この公務員による拷問禁止は適切であるとして、「残虐な刑罰は、絶対にこれを禁ずる。」とある規定については、どうしてこのようなことが憲法に規定されたのか、はなはだ疑問に思われます。現行憲法に先立つ「大日本帝国憲法」にも勿論このような規定はありませんでしたし、その当時から、日本の「刑罰」で最も重いものは「死刑」でしたし、その執行方法については、現在と同様に「死刑は、監獄内において、絞首して執行する。」（刑法第十一条第一項）となっており、死刑のより具体的な「執行方法」は、明治時代の「太政官布告」に定められてあり、明治以来（明治憲法制定以前から）この執行方法により死刑が行われて来ました。

ところで現行憲法は、第三十一条が「何人も、法律の定める手続によらなければ、その生命若しくは自由を奪はれ、又はその他の刑罰を科せられない。」と定めていますから、この「生命を奪はれ」は「死刑」を意味していますので、そうなりますと、「死刑」は「残虐な刑罰」ではないこととなります。そうでなければ憲法は矛盾したことを規定していることになります。

それでは一体この「残虐な刑罰」とはどんな刑罰なのでしょうか、という疑問が湧きます。この点、

憲法第三十六条が「残虐な刑罰は、絶対にこれを禁ずる」と規定したものですから、それならばと言うことで「死刑を規定している刑法第百九十九条は残虐な刑罰を禁止している憲法に違反する」として最高裁判所にまで争われた刑事事件があります。その最高裁判所の判決は「生命は尊貴である。一人の生命は、全地球より重い。死刑は、まさにあらゆる刑罰のうちで最も冷厳な刑罰であり、またまことにやむを得ざるに出ずる究極の刑罰である。」と言う有名な書き出しに始まり、前記刑法第百九十九条の死刑の規定と憲法第三十六条との関係について「……死刑は、……究極の刑罰であり、また冷厳な刑罰であるが、刑罰としての死刑そのものが、一般に直ちに同条にいわゆる残虐な刑罰に該当するとは考えられない。」とし、最高裁判決はさらに続けて「……将来若し死刑について火あぶり、はりつけ、さらし首、釜ゆでの刑のごとき残虐な執行方法を定める法律が制定されたとするならば、その法律こそは、まさに憲法第三十六条に違反するものというべきである。……」と判決しています。

要するに、「死刑」それ自体は「残虐な刑罰」ではなく、ただ「死刑の執行方法」いかんが残虐か否かを決することになるのであり、その「残虐な執行方法」とは、「火あぶり、はりつけ、さらし首、釜ゆで」を挙げています。しかし、このような「死刑執行方法」は戦国時代や江戸時代ならいざ知らず、既に文明開化の明治時代には前記のように「絞首」が死刑の唯一の執行方法だったのです。このような日本の刑罰の歴史から見ても分かりますように、今更（昭和二十一年の現行憲法公布の時点でさえも）「残虐な刑罰は絶対にこれを禁ずる。」などと定めること自体全く意味がなかったのであり、これは驚くべき時代錯誤ではないでしょうか。

とにかく、このように憲法が「残虐な刑罰は、絶対にこれを禁ずる。」などと大上段に振りかぶるものだから、「殺人犯人」は自らのことは棚に上げて、臆面もなく「死刑は残虐な刑罰だ」と主張して逃げ道を求め、一方、最高裁判所は仕方なく「死刑」そのものが残虐な刑罰なのではなく、死刑の執行方法が残虐なことを指すのだとし、その「執行方法の残虐性」の説明を、遠い昔の刑罰例を挙げて言わざるを得ないわけだったのでしょう。

かくして、憲法第三十六条は「公務員による拷問は、絶対にこれを禁ずる。」とだけに改めるべきでしょう。

5 第十二の欠陥

憲法第五十四条第二項の、「参議院の緊急集会」にも間に合わない緊急事態にはどうするのか

憲法第五十四条第一項は「衆議院が解散されたときは、解散の日から四十日以内に、衆議院議員の総選挙を行ひ、その選挙の日から三十日以内に、国会を召集しなければならない。」とし、第二項は「衆議院が解散されたときは、参議院は、同時に閉会となる。但し、内閣は、国に緊急の必要があるときは、参議院の緊急集会を求めることができる。」としており、さらに、第三項は「前項但書の緊急集会において採られた措置は、臨時のものであって、次の国会開会の後十日以内に、衆議院の同意がない場合には、その効力を失ふ。」と定めています。

これは、国の緊急事態において、内閣の執る種々の措置が、国民の権利及び自由を制限する場合においては、かりにそれらの措置が有効適切なものであるとしても、内閣のみでの判断に基づいて行われることを認めず、それには国民の代表者で構成する「国会」の意思に基づく行政権の行使でなければならず、「国会」の意思（つまりは、衆議院と参議院の意思）に基づくことができない場合には、少なくとも参議院の意思をもって「国会の意思」とすると言うのが現行憲法の趣旨であると考えられるからなのであります。これは確かに民主主義の見地からして重要なことではありますが、しかしながら、あらためて緊急事態というものを考えた場合、それに内閣が対処すべき措置につき参議院の集会

（緊急集会）を開いて決定するような「暇（いとま）」がある「事態」が果たして「緊急事態」というものなのでしょうか。それも広い意味では「緊急事態」というものなのでしょうが、とにかくもそれは「第一級の緊急事態」ではないでしょう。例えば、関東大震災級の大災害が首都圏を襲ったとか、ニューヨーク市に生じた同時多発テロのようなものが首都圏で発生したとかを想定した場合（注①）にはいかに民主主義が重要であるとしても憲法本条に規定する「緊急集会」のような悠長なことではおよそ無意味ではないでしょうか（注②）。

この点について、明治憲法は、第八条第一項で「天皇ハ公共ノ安全ヲ保持シ又ハ其ノ災厄ヲ避クル為緊急ノ必要ニ由リ帝国議会閉会ノ場合ニ於テ法律ニ代ルヘキ勅令ヲ発ス」とし、第二項で「此ノ勅令ハ次ノ会期ニ於テ帝国議会ニ提出スヘシ若議会ニ於テ承諾セサルトキハ政府ハ将来ニ向テ其ノ効力ヲ失フコトヲ公布スヘシ」と定めていました。これが「緊急勅令」と称されるものでした。また、同憲法第七十条第一項は「公共ノ安全ヲ保持スル為緊急ノ需用アル場合ニ於テ内外ノ情形ニ因リ政府ハ帝国議会ヲ召集スルコト能ハサルトキハ勅令ニ依リ財政上必要ノ処分ヲ為スコトヲ得」とし、第二項は「前項ノ場合ニ於テハ次ノ会期ニ於テ帝国議会ニ提出シ其ノ承諾ヲ求ムルヲ要ス」と定めてあり、これが「緊急財政処分」と称されるものでした。この明治憲法における「緊急勅令」及び「緊急財政処分」のほうが本当の意味での「緊急事態」において適切かつ効果的に対処できる合理的な制度ではないでしょうか。確かにこれらの制度は議会の関与が事後的であり、その点においては民主的なものからは遠いものと言えるかも知れませんが、内閣が国民の権利ないしは自由を制限する措置を執るべき場合に、いかなる場合にも国民の代表者で構成する議会が事前に関与すべきであると言うのは必ずしも合理性を持つものとは言えないのではないでしょうか。この「緊急勅令」及び「緊急財政処分」は現行憲法的に考えるならば「勅令」は「政令」とし、「勅命ニ依リ」は「政令により」とし、さらに「帝国議会」は「国会」と置きかえることが可能であり、現行憲法を改正して憲法に採り入れるべき制度であると思われます。

なお、このような緊急性がそれ程でもない「参議院の緊急集会」の制度でさえ、マッカーサー草案にはありませんでした。このマッカーサー草案第五十七条は「内閣ハ国会カ全議員ノ多数決ヲ以テ不信任案ノ決議ヲ通過シタル後又ハ信任案ヲ通過セサリシ後十日以内ニ辞職シ又ハ国会ニ解散ヲ命スヘシ国会カ解散ヲ命セラレタルトキハ解散ノ日ヨリ三十日ヨリ少カラス四十日ヲ超エサル期間内ニ特別選挙ヲ行フヘシ新タニ選挙セラレタル国会ハ選挙ノ日ヨリ三十日以内ニ之ヲ召集スヘシ」と定めているだけで、そこには「参議院の緊急集会」の規定はなかったのを、帝国議会の憲法審議の過程で追加して規定したものであります。

(注①) 自衛隊法第七十六条第一項は「防衛出動」について「内閣総理大臣は、外部からの武力の攻撃(外部からの武力攻撃のおそれのある場合を含む。)に際して、わが国を防衛するため必要があると認める場合には、国会の承認(衆議院が解散されているときは、日本国憲法第五十四条に規定する緊急集会による参議院の承認。以下本項及び次項において同じ。)を得て、自衛隊の全部又は一部の出動を命ずることができる。ただし、特に緊急の必要がある場合には、国会の承認を得ないで出動を命ずることができる。」と規定しています。ここで、この規定の本文と但し書に注目するならば明白であるように、「参議院の緊急集会」は但し書にあるように「特に緊急の必要がある場合」には的確に機能しないわけなのです。このように「参議院の緊急集会」は緊急性の度合いの低い一定範囲においてのみ有用であるにすぎないのです。

（注②）「参議院の緊急集会」は、かって、二度召集されたことがあります。最初は、第十四回国会閉会後の昭和二十七年八月三十一日で、緊急案件は「中央選挙管理会委員及び同予備委員指名の件」であり、第十五回国会の昭和二十七年十月二十五日に衆議院の同意を得た。二度目は、第十五回国会閉会後の昭和二十八年三月十八日から二十日にかけてで、緊急案件は「昭和二十八年度一般会計暫定予算」、「昭和二十八年度特別会計暫定予算」、「昭和二十八年度政府関係機関暫定予算」、「国会議員の選挙等の執行経費の基準に関する法律の一部を改正する法律案（閣法第一号）」、「不正競争防止法の一部を改正する法律案（閣法第二号）」、「国立学校設置法の一部を改正する法律案（閣法第三号）」、「期限等の定のある法律につき当該期限等を変更するための法律案（閣法第四号）」であり、第十六回国会の昭和二十八年五月二十七日に衆議院の同意を得た。以上は、「昭和六十三年版参議院先例諸表」五百八十六頁による。

6 第十三の欠陥

憲法第六十六条第二項は、「文民」とあるがこれは何のこと

憲法第六十六条第二項は「内閣総理大臣その他の国務大臣は、文民でなければならない。」と定めていますが、この「文民」とは現行憲法制定時までの漢和事典の類には一切見られなかった「新造語」であります。宮沢俊義著・芦部信喜補訂『全訂日本国憲法』五百六頁から五百八頁にかけての説明によれば、本項は、もともと現行憲法の基となったマッカーサー草案にも、内閣要綱にも、内閣草案にも存在せず、帝国議会が現行憲法案を審議している過程でマッカーサー総司令部からの要請により（衆議院の審議ではその要請は認められず、貴族院の審議でその要請を受け容れて）修正追加されたものだということです。

さて、そのような経緯で規定されたこの「文民」ですが、それではこの新造語をどう解釈するのかが問題になりました。前記の『全訂日本国憲法』によりますと、三説に大別され、甲説は、軍人でない者を言い、軍人であっても、軍人をやめたときは、そのときから「文民」になる。すなわち「文民」とは「非軍人」の意味であるとし、乙説は、職業軍人の経歴のない者を言い、職業軍人はもちろん、過去においてそれであった者は、たとえやめた後でも「文民」ではないとし、丙説は、強い軍国主義思想の持主でない者を「文民」と言うと説きます。そして、実例では、はじめ「文民」とは、以上の

乙説ないし丙説によって理解されましたが、自衛隊が成長し、しだいに軍隊らしいものに発達するとともに、制服の自衛官以外の者を「文民」とする、という解釈におちついたという趣旨のことを宮沢俊義教授は説いています。この実例は穏当な解釈、運用のように思われますが、これは前記の甲説に立っているように考えられます。つまり、「文民」とは、「非軍人」を言うわけです。そして「自衛官」は、自衛隊が「しだいに軍隊らしいものに発達した」その「軍隊らしいもの」の構成員であるから「非軍人」ではなく（そうであれば「軍人」であり、従って）「文民」ではないと言うわけなのです。このような「文民」の解釈、運用は、「自衛隊は軍隊にあらず」、とする立場からはどうなるのでしょうか。

ところで、そもそも、このような規定は大日本帝国憲法時代に、内閣の構成員であった「陸軍大臣」について、「陸軍大臣現役武官制」という制度が出来て、陸軍の権益ないしは要求が容れられない場合には「陸軍」から「国務大臣たる陸軍大臣」を出さないとか、内閣から陸軍大臣が退陣するとかということが行われ、このため内閣が構成されないとか、内閣が瓦解すると言うことがあり、このような歴史的経緯に鑑みて、現行憲法制定の際には「軍人」に対しては相当に神経質になっていたのではないでしょうか。

しかし、現行憲法においては第九条に「戦争放棄」を規定しており、「軍隊」は無いのですし、「職業軍人」であった者はいずれ高齢になるわけなのですから、第六十六条第二項は恒久的な性質を有する条文規定ではなく、言わば「経過的」なものなのですから、もしこのような規定が必要であるとしても、それは憲法の本則（第一条から第九十九条）に規定するものではなくて、第百条以降の「補則」の中に経過規定として定めるべきものだったのでしょう。それをこのように本則（第六十六条第二項）

に規定するものだからこのように話しがややこしくなり、解釈が分かれる原因となったわけなのです。

日本国憲法は第九条で一切の戦争を放棄、一切の軍隊、戦力を放棄したと解する立場からすると、この第六十六条第二項が憲法の本則に在ることはどうにも具合の悪いものであります。なぜならば、一切の戦争、軍備を放棄したというのであるならば、軍隊はないのですから日本国民はみな「非軍人」であり、つまりは「文民」のはずであります。それにもかかわらず、このような「文民」条項があるということは、現行憲法は第九条において完全には戦争放棄をしているわけではなく、一定の範囲では軍隊ないしは戦力を認めているのだと解する余地が出てくるからであります。

7 第十四の欠陥

第六十八条第二項は、気に食わない国務大臣を内閣総理大臣はいつでも勝手に「クビ」にできるのだが、これでよいのか

憲法第六十八条第二項のような規定が設けられた理由は、大日本帝国憲法時代に求めることができます。大日本帝国憲法自体には内閣制度は規定されておらず、内閣制度は大日本帝国憲法制定前の明治十八年の「内閣官制」で規定されていました。そこでは内閣総理大臣とその他の国務大臣とは同等の地位であるとされ、正確には、「内閣総理大臣は同輩中の首席」とされていたのです。

従って、内閣総理大臣はその他の国務大臣（閣僚）を任命するという権限はありませんし、ましてやその他の国務大臣を罷免することなどはできませんでした。このため、仮に、一人の国務大臣が閣議で反対するだけで内閣の意思決定はできませんでした。また、ある国務大臣が辞任しその補充ができなければ内閣は存続できず内閣総辞職と言うことになるわけでした。この点で大日本帝国憲法時代に特に問題となったのは、内閣を構成する「陸軍大臣」の去就を巡ってでありました。

この時代にはまた「陸軍大臣現役武官制」が採られていた関係もあって、陸軍大臣が必然的に陸軍の利益代表的行動を執ることが多く、その陸軍大臣の主張する陸軍の利益が認められないときは、陸軍は内閣に非協力的になり、つまり、陸軍大臣は内閣から脱退するとか、後任の陸軍大臣を閣僚として出さないことが行われました。当然こうなると内閣は構成（組閣）されないことになるわけです。

このような理由から、内閣の不安定さ、内閣が構成されない等の弊害を取り払おうとしたのが、現行憲法第六十八条であります。

このようにして、内閣総理大臣は、「国務大臣を任命」する権限を有し、また、「任意に国務大臣を罷免することができる」と規定するに至ったわけであります。

ところが、この「任意に国務大臣を罷免することができる」という規定の、この「任意に」という表現が正に問題なのであります。「任意に」とは、「何事にもとらわれず」とか「自由に」、「無条件に」、「勝手気ままに」、「何の理由もなく」という意味であります。そうなりますと、これはもう内閣総理大臣はある意味の独裁者となります。早い話が、内閣総理大臣が唯単に「あの国務大臣が気に食わない」と思えばそれでその国務大臣を「罷免すること」が合法的にできるわけであります。

もっとも、このような解釈に対しては、それは「権利の濫用」であるから許されないとする反論が成り立つかも知れませんが、この「任意に」という表現はまさにそのような「濫用」を容認したものであると解されます。もし、これを「内閣総理大臣は、国務大臣を罷免することができる。」というような表現内容であるならば、前述のような「自由に」とか「無条件に」とか「好きなように」国務大臣を罷免すればこれは内閣総理大臣が「罷免」権限を濫用したと解釈できますが、この憲法の規定のように「任意に国務大臣を罷免することができる」と表現しているのでは、内閣総理大臣の「罷免権の濫用」と解釈するのは困難です。

確かに、現行憲法のこの規定は、大日本帝国憲法時代の内閣における内閣総理大臣の地位が「同輩中の首席」にすぎなかったことから、内閣の安定性を確保すべく内閣総理大臣の地位強化を図ったことは理解できるのですが、その手段としては、合理性を欠き、いささか「羹に懲りて膾を吹く」（あつものにこりてなますをふく）の感を免れません。

従って、憲法第六十八条第二項は改正して「内閣総理大臣は、みだりに国務大臣を罷免してはならない。」とか、「内閣総理大臣は、正当な事由なくして国務大臣を罷免することができない。」とすべきではないかと思います。

ところで、この「内閣総理大臣は、任意に国務大臣を罷免することができる。」と言う規定が途方もない不合理なものであると言っても、これまでその不都合さが、現実に問題となったことがあるのか、と言われますと、それはありませんでした。それよりも、むしろ内閣総理大臣の地位は弱い、不安定なのではないかと思われる事態のほうが目に付きます。

例えば、歴代内閣において、衆議院の解散を行うことができなかった内閣の「内閣総理大臣」は「有能な内閣総理大臣ではない」という評価が一方ではあります。従って、自由民主党総裁から内閣総理大臣となった者は、皆、自分が内閣総理大臣在任中に一度は「衆議院の解散」を断行しようとするのだそうであります。この点、三木内閣総理大臣の時の三木内閣は衆議院の解散を断行することができずに、このためその時の衆議院議員は現行憲法施行以来初めて四年の任期を全うすることが出来たのでありました。また、K内閣総理大臣はその在任中に衆議院の解散を行おうとしたのでしたが、その内閣の閣僚の反対で結局のところ衆議院の解散を断念したと言う事実があります。このように、衆議院の解散を決定するのは法制度的には内閣であり内閣が閣議で解散を決定するのであり、内閣総理大臣の一存で決定することはできないことになっています。

それでは、内閣総理大臣が衆議院を解散しようとしても内閣の閣議で反対されれば解散は全くもってできないのかと言えばそうではありません。閣議であくまでも衆議院の解散を決定しようとするならば、前述のように「内閣総理大臣は任意に国務大臣を罷免することができる」のですから、衆議院の解散に反対する国務大臣を罷免して、その国務大臣の職を解散賛成の国務大臣に兼務させるか、又は内閣総理大臣が自ら兼務するか、又は解散賛成の者を国務大臣に補充する等の措置を講ずることによって、内閣総理大臣の意思を「内閣の意思」とすることが十分可能なのであります（注①）。

しかし、内閣総理大臣は解散を断行したいと言う意思はあっても、その意思を実現すべく解散反対の国務大臣を「罷免」したことはこれまでありません。「任意に罷免することができる」のにもかかわらず内閣総理大臣が国務大臣を「任意に罷免」した例はないのです（注②）。とにかく、どうあっても「内閣総理大臣は任意に国務大臣を罷免することができる。」とするこの規定の不合理さは顕在化しないというだけのことであります。

それでは、なぜ「任意の罷免権の行使」がされないのでしょうか。それは、現行憲法施行後のほんの一時期を除いては政権党でありつづけている自由民主党の格別の事情によるのです。内閣総理大臣は国会議員の中から国会によって指名されます。この指名は選挙の形をとりますから、一番多数の指名票数を獲得した者が「国会の指名した者」となります。と言うことは、自由民主党のような大政党が指名した者が一番多数票を獲得するわけであり、自由民主党は自らの「総裁」に投票するのですから、この自由民主党総裁が内閣総理大臣に指名されることになります。

そうなると問題は、この自由民主党の総裁の選ばれ方です。従来から、自由民主党はいくつかの派閥から成り立っています。このうちの最大派閥から、あるいは各派閥の合従連衡の結果から、あるいはときには少数派閥から総裁が選出されるわけであります。しかし、いずれにしても、このような総裁の選出過程を経て総裁が決まり、その総裁が内閣総理大臣に指名されるわけであります。従って、内閣総理大臣の地位は、法的には別として、政治的には決して強力なものではありません。内閣総理大臣の地位はその出身母体である自由民主党の派閥均衡の上に成り立っているわけであります。従ってこの派閥均衡を崩すようなことは、自らの依って立つ立場を危うくする自殺行為です。このため内閣総理大臣が自ら任命できるとされる「国務大臣の任命」にも、各派閥に属する者から派閥の意向を汲んだ人選に心がけなければならず、ましてや「国務大臣の任意の罷免」等は思いも依らないことなわけであります。

このようにして、憲法第六十八条第二項は内閣総理大臣に「任意に国務大臣を罷免できる」と言う途方もない権限を付与していることの不合理さが問題とならずに済んでいるわけであります。しかし、政権が自由民主党ではなくて、その他の党に移り、その党の党首が文字通りの独裁者であるような者が内閣総理大臣に指名され、その党の党員で内閣が構成される場合においては、この憲法の規定は、その不合理さを暴露するのではないでしょうか。

（注①）衆議院解散が行われそうな政治情勢になると、よくジャーナリストが自民党の有力な国会議員ないしは閣僚に解散の可能性を尋ねますが、「衆議院の解散は総理の権限ですから」という決まり文句の返答があります。しかし、衆議院を解散する決定権限は内閣総理大臣にはありません。もちろんこのことを承知の上で返答しているのでしょうが、憲法第六十八条第二項が「内閣総理大臣は任意に国務大臣を罷免することができる。」と定めているのですから、従って、法制度上は内閣総理大臣は内閣の決定を自らの意思で左右できるのであり、そういう意味では右の返答は、あながち間違っているとは言えないのです。

（注②）解散に関係してのことではありませんが、現行憲法施行以来今日までに、内閣総理大臣が国務大臣を「罷免」した例は、三件あります。①は、片山内閣の時の平野農林大臣、②は、第四次吉田内閣の時の広川農林大臣、③は、中曽根内閣の時の藤尾文部大臣です。しかし、これらの罷免にはそれなりの理由があるのであって、内閣総理大臣が「任意に国務大臣を罷免した」わけではありません。

第三章　「まあいいか、と思える」七つの欠陥

1　第十五の欠陥

国家賠償と国家補償の谷間にあって、救済されない場合が生ずるのだ（第十七条、第二十九条）

憲法第十七条は「何人も、公務員の不法行為により、損害を受けたときは、法律の定めるところにより、国又は公共団体に、その賠償を求めることができる。」と定め、この憲法の規定を受けて、国家賠償法が制定されています。その法律第一条第一項は「国又は公共団体の公権力の行使に当る公務員が、その職務を行うについて、故意又は過失によって違法に他人に損害を加えたときは、国又は公共団体が、これを賠償する責に任ずる。」とあり、これが「国家賠償」と言われるものです（注）。

一方、憲法第二十九条は国民の「財産権」を保障しており、第三項では「私有財産は、正当な補償の下に、これを公共のために用ひることができる。」と定めており、この憲法の規定を具体化した一般法はありませんが、土地収用法、森林法、建築基準法、河川法、道路法、海岸法その他の法律において国民の財産の収用とか財産権の制限規制を行う場合にはそれによって生ずる損失に対しては「正当な補償」がなされています。これが「国家補償」と言われるものです。

この「国家賠償」と「国家補償」の相異は、前者は、国ないしは公共団体の公務員の「故意又は過失による違法な国民の権利侵害」があった場合のその被害者である国民の損害を賠償する制度です。これに対して、後者は、国ないしは公共団体側の適法行為により特定の国民が特別の犠牲を蒙った場合において、全体的公平の見地から、国又は公共団体がその特別の犠牲による損失を填補する制度です。これは、国道とか空港を建設するためにその道路、空港の敷地に当る私人の土地を収用するとか、私人の所有する仏像が重要文化財ないしは国宝に指定されたため、その所有者に当該仏像の保存管理義務が課せられることによるそのための諸費用相当額出費の填補、私人の所有する森林が保安林の指定をうけたためにその所有者が森林の伐採等を制限されることに伴う損失の填補等が「国家補償」の例であります。

この国家賠償と国家補償とは、国民にとって実に有意義な制度なのですが、実は、この両制度によっては救済されない事態が存在するのであります。それが「補償の谷間」と言われるものであり、これは憲法制定の当時では考えられなかったものであり、その後になって権利救済が声高に叫ばれるようになった以降に注目されて来た問題であります。

それは、国又は公共団体の公務員の行為により国民が損害を蒙る場合なのでありますが、その公務員の行為自体には「故意又は過失」がなく、それでいて「適法行為」かと言えば、そうではなくて国民の生命又は身体に損害を与える場合でありますから、結果的には「違法行為」である、と言うことができます。そして、そのような事案では、前述の「国家賠償法」による賠償の要件は充足しませんし、また、結果的には「違法」ですから、「国家補償」の要件も充足しないということになります。この具体的な例を挙げますと、幼児に対する種痘とか予防接種を行ったときに「種痘禍」が生じる場合であります。もちろん幼児に対する予防接種を行うに際しては担当医師は、その時の医学の最高の知識と最高水準の技術を駆使して当該児童の体質や健康状態等綿密細心の注意を払って副作用の生ずるおそれのある幼児を除いて問題のない幼児のみに予防接種を行うわけでありますが、それでも、何万分の一くらいの確率でもって予防接種を受けた幼児に生命ないしは身体に障害が生ずることがあるわけであり、言わばこの「悪魔の籤」を引いた者に対する損失を填補する制度が憲法上存在しないのであります。

このための実際上の救済としては、予防接種の担当医師（公務員）に対して相当高度の注意義務を課することとし、その高度の注意義務を尽くさなかったためこのような障害が生じたのであると言うように、公務員である担当医師の「過失」を極めて広く認定することで「国家賠償法」の適用を可能にするとか、あるいは法的措置にはよらずに政治的、行政的措置による被害救済を図ることが行われてはいます。

しかしながら、これらの救済は確立したものではありません。やはり、国家賠償制度及び国家補償制度がいずれも既に憲法上の制度として存在しているのですから、そのいずれの制度によっても救済されない、いわゆる「補償の谷間」についても憲法上救済のための根拠規定を設けるべきなのでありま す。確かに、現行憲法の制定された当時の素朴な時代には、立法者は「国家賠償」と「国家補償」の両制度しか念頭になかったことは致し方ないと思いますが、この「補償の谷間」の救済は、今日的問題であり、この制度を憲法に規定することによって、国民に対する救済制度は一段と充実するわけであります。

（注）国家賠償法第二条第一項は「道路、河川その他の公の営造物の設置又は管理に瑕疵があったために他人

に損害を生じたときは、国又は公共団体は、これを賠償する責に任ずる。」として、無過失責任を定めた制度もありますが、これは「第十五の欠陥」で論ずることではありません。

2

第十六の欠陥

人権尊重の立場から適正手続きを定めたのはよいとして、実体規定(罪刑法定主義)がないのは尻抜けではないか(第三十一条、第三十九条)

憲法第三十一条は「何人も、法律の定める手続きによらなければ、その生命若しくは自由を奪はれ、又はその他の刑罰を科せられない。」と定めており、この規定は「法定の手続の保障」とか「適正手続条項」などと呼ばれています。つまり、この第三十一条は、刑罰を科するための手続（「刑事手続」）が適正でなければ国民の基本的人権の保障は全うされないと言う考え方に立っているわけなのです。

人権保障の歴史は、刑事手続の歴史であるとも言うことができるくらい、刑事手続が適正であることは重要なことであるからなのです。従ってこの点は良いとして、それではこのような「手続」に対して「実体」の方についても憲法に根拠規定を設けるべきではなかったかと思うのです。つまり、どのような犯罪的行為に対してはどのような刑罰が科せられるのかなどの「犯罪と刑罰」に関する事項についての「根拠規定」も憲法に明記しておくことが必要ではないかと思います。

そこで近代法治国家の大原則として「罪刑法定主義」ということが言われています。近代以前は「法」は一般に「依らしむべし、知らしむべからず」とされて来ました。この方が「法」の威嚇力があり、国民を「法」に従わしめるのに最適であると考えられていたからなのです。しかし、従わされる国民にとってはたまったものではありません。自分たちの行動がいつどのような「法令違反」と言うことで罰せられるかも知れないし、また、どのような刑罰をどの程度の重さで食らうのかが分かったものではないからです。このため、何時もびくびくしながら生活しなければならなかったわけです。そこで「犯罪と刑罰」とが予め「法律」で明記されて、国民に知らされるべきであるという「罪刑法定主義」が近代法治国家には要請されることとなったです。

かくして、どのような行為をした場合には犯罪であるとされ、それにはどのような刑罰が科せられるのかが予め国民の前に明確になったわけで、こうすることによって、国民の行動の自由が保障され国民の基本的人権が守られると言うわけなのです。こうして「罪刑法定主義」は、特に犯罪と刑罰を定める「刑法」の大原則となり、①罪刑法定、②類推解釈の禁止、③罪刑の均衡、④事後法の禁止ないし遡及処罰の禁止、がその具体的内容とされています。このうち、①は、前もって法律によって「犯罪と刑罰」とを明記しておくことであり、従って、国民はそれ以外の行為を行っても何等刑罰を受けることはないことになります。②は、いくら「犯罪と刑罰」とを明記してあっても、その犯罪行為を規定する条文の解釈の仕方によっては思わぬところから「刑罰に値する行為」とされて罰則を食らうことになりますので（「拡張解釈」までは許されるとしても）「類推解釈」は絶対に禁止されなければなりません（注①）。③は、いくら「犯罪行為とその刑罰」が予め法定されているからと言って、問題はその「犯罪行為及びそれに対する刑罰」が相当なものでなければならないとするものです。例えば極端な話しとして、「千円盗んだら死刑に処する」と言うのでは、予め「犯罪と刑罰」が法定されているからと言っても国民の人権保障として公正、適正なものとは言えないでしょう。④は、「事後法」とは、法律で刑罰を科すべき新しい犯罪行為類型を規定して、その法律を制定前の人の行為にまで適用しようとするものです。もしこれが認められますと、今は何等刑罰に値する行為ではないと安心して行ったことでも、その行為が、将来に法律で犯罪行為とされてその罰則を（前にさかのぼって）適用されることとなるわけであり、そうなると安心して行動することが出来なくなるわけですから、法律の遡及適用を禁止しようとするものであります。以上の「罪刑法定主義」の内容のうち、憲法第三十九条が「何人も、実行の時に適法であった行為又は既に無罪とされた行為については、刑事上の責任を問はれない。又、同一の犯罪について、重ねて、刑事上の責任を問はれない。」と定める中の、「実行の時に適法であった行為……については刑事上の責任を問はれない。」の部分は、④について規定したものです。しかし、その他の①、②及び③については憲法の規定の上では明確ではありません。

また、この憲法第三十九条は、「……又は既に無罪とされた行為については、刑事上の責任を問はれない。又、同一の犯罪について、重ねて、刑事上の責任を問はれない。」の部分は、「刑事手続」の面からの国民の基本的人権を保障しようとするものであります。この点はそれでよいとして、この部分は、実は同じことを別な表現でもって言っているにすぎないのであって、いささか無用な重複です。なぜならば、「又、同一の犯罪について、重ねて、刑事上の責任を問われない。」と言うならば、勿論のことある犯罪行為とされたものが裁判で「無罪」とされたのなら、その後でもう一度その犯罪行為とされた行為について刑事上の責任を問うべく裁判にかけられることはないと言うわけなのですから（注②）。

このように、第三十一条は、専ら刑事手続規定による国民の基本的人権保障を定めているから分かりがよいのですが、第三十九条については、刑事手続規定と刑事実体規定の両方が混在しています。

この両者をいっしょくたに規定するのは下策であって、同一条文に規定するならば、少なくとも第三十九条を第一項は刑事手続規定とし、第二項は刑事実体規定と言うように分けて規定した方が明快であると思われます。

（注①）「拡張解釈」とは、刑罰規定の解釈において、その規定する条文の文字の意味するところの可能な限界内にある場合を言うとされます。例えば、刑法第百二十六条は「汽車転覆等及び同致死」という条文の「見出し」で、第一項は「現に人がいる汽車又は電車を転覆させ、又は破壊した者は、無期又は三年以上の懲役に処する。」と定めています。そこで、ガソリンカーを転覆させた場合にはここで定めている「汽車又は電車」には当たらないから、罰せられないと言う主張に対して、「ガソリンカー」と「汽車又は電車」とは動力源の相異にすぎないのだから、ガソリンカーはここでいう「汽車又は電車」に含まれると解釈しております。これが裁判所の判例であり、「罪刑法定主義」から見ても許される拡張解釈といえます。

一方、「類推解釈」とは、A法規が適用できる甲と言う事項があるとして、このA法規をさらに乙という事項にも適用しようとする場合には、先ず、甲事項と乙事項とを比較して、その共通点を見つけ出して、その共通点を根拠として、一方（甲という事項）に適用できるA法規を乙という事項にも推し及ぼそうとする解釈なのです。例えば、「赤い花を摘んではならない。赤い花を摘んだ者には、百両の罰金を科する。」という法規があるとします。そこである者が、青い花ならば禁止されていないから摘んだとします。ところが、「類推解釈」により、百両の罰金が科せられました。その理由は、「赤い花」も「青い花」も「花」であることには変わりはない。つまり両者は「花」であることでは共通なのですから、この「共通点」を根拠として、赤い花を摘んだ者に加える罰則を青い花を摘んだ者にも科する(推し及ぼす)ことができるということになるのです。それでは、花の咲かないワラビを摘んだとします。ところがその者も百両の罰則をくらいました。それは、「赤い花」も「ワラビ」も「植物」であることには変りはないと言う理由からなのです。つまり、「植物」という共通点を根拠にすれば、「赤い花」を摘んだ者に科する罰則を「ワラビ」を摘んだ者に科することは可能なわけなのです。このようにして、両者の「共通点」の取りようによっては、際限も無く罰則を広げることができますから、予め「犯罪と刑罰」を法律に明記しておいても何の意味もないことになります。このため、「類推解釈の禁止」が「罪刑法定主義」の内容として重要なのであります。

(注②) これを、大陸法系(フランス、ドイツと言ったヨーロッパ大陸の法系)の伝統では「一事不再理」と言い、英米法系では「二重の危険の禁止」と言います。

3 第十七の欠陥

「国会は国権の最高機関」と言うが、それでは三権分立とは辻褄をどう合わせるのか（第四十一条）

憲法第四十一条は「国会は、国権の最高機関であって、国の唯一の立法機関である。」と定めています。これは「国会」にとって実に都合のよい規定であり、よく、国会の委員会等で国会議員が政府を攻撃するときに、「それは国会軽視だ」と叫びますが、この背景には「国会は、国権の最高機関」と言う憲法の規定を意識してのことなのでしょう。

ところで、日本国憲法は民主主義及び国民の基本的人権を守るための国家統治機構として、独裁制を阻止するため、この対極にある権力分立の統治機構を規定したわけであります。そこでは、国家統治作用を立法権、行政権と司法権に分割し、それぞれ国会、内閣そして裁判所に担当させ、これら各機関は各々が牽制しあい、抑制均衡の関係にあることによって、国家機関による独裁が生まれることを防止し、かくして国民の権利、自由が保障されるということになるわけであります。

ところが、第四十一条では、国会についてだけ「国権の最高機関」である旨を明記しているのであり、これでは「三権分立」と平仄が合わないではないか、と言う疑問が生ずるわけであります。さて、そこで法律（憲法）解釈学者が活躍するのでありますが、この矛盾については、以下の有力な三説がありますす（伊藤真著『試験対策講座　憲法第２版』弘文堂　二百九十八頁から三百頁までを引用した)。

第一説「政治的美称説」　これは、三権の中では、国会が主権者である国民によって直接選任され、その点で国民に直結している。しかも立法権はじめ重要な権能を憲法上与えられている国政の中心的な地位を占める機関であるということを強調する意味で最高機関と呼んだのであって、政治的な美称にすぎないとする。裏を返せば法的意味はないというところがポイントである。最高機関性から法的な一定の効果が導き出されるわけではないと考えていくところに特徴がある。国会は主権者でも統括者でもない。国会といえども、内閣の解散権や裁判所の違憲立法審査権によって抑制されている。従って、法的な意味で最高とはいえないと考えるのである。ただ、法的意味がないといっても、様々な条文の解釈の基準にはなり得る。例えば、最高機関なのであるから、条約の修正権を認めるべきだというように使っていく。

第二説「統括機関説」　この考えは、天皇主権の明治憲法、それを少し変容したと思えばよい。要するに明治憲法の時代は国家が一つの法人として存在し、その最高機関として天皇が天皇機関説に基づいて位置づけられていた。天皇は国家という一つの法人の最高機関として位置づけられたのであり、国家は一つの法人だという考えを前提にしている。一つの法人である以上、それは最高の意思決定機関がなければならない。それは明治憲法の時代は天皇だった。その天皇に代わって新憲法のもとでは国会が最高機関になったという発想なのである。このように国家法人説を前提にしている。それが統括機関説なのである。しかし、まず国家が法人だという前提に疑問がある。さらに天皇という最高機関の代わりに国会がそこに入れ替わったというが、主権者たる国民はどこに行ってしまったのか。この点も疑問である。そこで、政治的美称であり、法的な意味合いはないとしたのが政治的美称説だったのである。しかし、法的意味を完全に否定するのでは、あまりにも四十一条が無内容、無意味になってしまうのではないか。そこで最高責任地位説の登場となる。

第三説「最高責任地位説」　四十一条は、国会は国政全般がうまく機能するように絶えず配慮すべき立場にあり、そういう意味で国会が国政全般に最高の責任を負う地位にあることをいい表したものである。やはり法的な意味があると考えるべきであり、単なる政治的な宣言と見るべきではないという考え方である。この考え方は、最高機関性に法的意味はあると考えていく点が特徴である。具体的には、二つの法的な意味があるとする。一つは、国家の諸機関の権能および相互の関係を解釈する際の解釈準則になる。この解釈準則になるというところを、法的な意味があるところから説明しようとするわけである。それからもう一つ。国家行為のうち権限の所在が不明確な場合に、国会にあると推定すべき根拠になるとする。ただ、この二点については、法的責任から説明する必要がないという批判もある。第一の解釈の準則になるという点については、何も法的な意味があるといわなくても、解釈準則になるということはいえる。法的意味があるということの実益はあまりない。それから、第二の点もなぜ国会に権限があるということが導き出されるのか、その根拠がはっきりしないと批判される。仮に最高機関であるがゆえにただちに法的に導き出されるとなれば統括機関説と変りはないではないかと批判される。ちなみに、政治的美称説の立場に立った場合でも、権限推定が及ぶという。ただし、そのときの根拠は四十一条ではない。四十三条なのである。主権者たる国民に最も近い国会に推定させるべきだという意味で、国民代表機関であるがゆえに、国会に権限推定が及ぶと説明する。

このように、なにも法的な意味を見出して説明する必要性はないと批判されるのである。

以上のように、憲法第四十一条の「国会の国権の最高機関性」については、解釈が分かれるのですが、それは取りも直さずこの条文規定の拙劣さに由来することなのです。

ところで、この第四十一条の規定の基となったマッカーサー草案第四十条は「国会ハ国家ノ権力ノ最高ノ機関ニシテ国家ノ唯一ノ法律制定機関タルヘシ」とあって、やはり、現行憲法とほぼ同様の「国会の最高機関性」を規定してあります。しかし、同草案は、さらに次のような規定を設けてありました。

第七十三条　最高法院ハ最終裁判所ナリ法律、命令、規則又ハ官憲ノ行為ノ憲法上合法ナリヤ否ヤノ決定カ問題ト為リタルトキハ憲法第三章ニ基ク又ハ関連スル有ラユル場合ニ於テハ最高法院ノ判決ヲ以テ最終トス法律、命令、規則又ハ官憲ノ行為ノ憲法上合法ナリヤ否ヤノ決定カ問題ト為リタル其ノ他有ラユル場合ニ於テハ国会ハ最高法院ノ判決ヲ再審スルコトヲ得

再審ニ附スルコトヲ得ル最高法院ノ判決ハ国会議員全員ノ三分ノ二ノ賛成ヲ以テノミ之ヲ破棄スルコトヲ得国会ハ最高法院ノ判決ノ再審ニ関スル手続規則ヲ制定スヘシ

この第七十三条の規定は、「最高法院」つまりは現行憲法における「最高裁判所」に「法律、命令、規則又は官憲の行為」の「合憲性審査権」が存在することを定めた規定ですが、しかし、これらについての最高裁判所の最終判決に対して、さらに国会が「再審すること」が出来ることを定めているのであります。これは実に重大な意味をもつ規定であり、これではまさしく「国会」を一種の「憲法裁判所」とするものであります。そうなりますと、「国会」は、三権分立と言いながら他の国家機関であ

る「内閣」及び「裁判所」とは対等ではなく、「憲法裁判所」としての権限が付与されただけに、他の二つの国家機関よりも上位にあることになります。つまりここに至って初めて「国権の最高機関」であると言うこととの平仄が合うことになるわけであります。ところが、現行憲法においては、このマッカーサー草案第七十三条の規定又はその趣旨を承継しなかったのであります。これはおそらく、国会に憲法裁判所的な権限を与えたのならば「三権分立」ではなくなってしまうと考えたからなのでしょうか。

かりにそうであるならば、「国権の最高機関」という表現も削るべきであったのに、それは失念してしまったのだと考えられます。そして、そのような条文規定の整理漏れが、現在の第四十一条であり、このため「国権の最高機関」の表現だけが残り、その意味が何のことなのか分からないと言うこととなったのではないかと憶測されるのであります。これはあくまでも憶測なのですが、それはともかくとして、第四十一条は改めるべきでしょう。

なお、平成十二年五月三日付朝刊読売新聞に掲載された読売試案（「憲法改正第二次試案」）では以下のように「第六章　国会」を規定しています。

第五十一条（立法権）　立法権は、国会に属する。

第五十二条（両院制）　国会は、衆議院及び参議院の両議院で構成する。

第五十三条（両議院の組織）　両議院は、選挙された議員でこれを組織する。

2　議員は、全国民を代表する。

3　両議院の議員の定数は、法律でこれを定める。

以下、この第二次試案は、「国会」の章について第七十五条までの規定を設けていますが、賢明にも、「国会の最高機関性」を明記した規定はありません。

4 第十八の欠陥

身柄拘束の態様を「抑留」と「拘禁」に分けたのは有害無益、拙劣の極みではないか（第三十四条）

憲法第三十四条は「何人も、理由を直ちに告げられ、且つ、直ちに弁護人に依頼する権利を与へられなければ、抑留又は拘禁されない。又、何人も、正当な理由がなければ、拘禁されず、要求があれば、その理由は、直ちに本人及びその弁護人の出席する公開の法廷で示されなければならない。」と定めています。ここで、問題なのは、「抑留又は拘禁」というように、「身柄拘束」の態様を「抑留」と「拘禁」とに分けて規定していることです。このように分けて規定するからには、この両者の相異を明確にしなければ意味がありません。

この点について、宮沢俊義教授は「ここにいう『抑留』と『拘禁』のちがいは、憲法の文字からは、かならずしも明確とはいえないが、『抑留』とは、一時的な身体の拘束をいい、『拘禁』とは、より継続的な身体の拘束をいうと解されている。刑事訴訟法にいう逮捕および勾引に伴う留置は『抑留』に当り、勾留および鑑定留置は『拘禁』に当るであろう。明治憲法にいう『監禁』（明治憲法二十三条）は、ここにいう『拘禁』に当る。」と説明されています（宮沢俊義著・芦部信喜補訂『全訂日本国憲法』三百四頁から三百五頁）。

一方、刑事訴訟法では、容疑者（刑事訴訟法上は「被疑者」と言います）が逮捕されてから長いときで七十二時間以内にその被疑者を「留置（勾留）」するか否かを決定しなければなりません。「留置（勾留）」しない場合には直ちにその被疑者の身柄を釈放しなければなりません（刑事訴訟法第二百五条第二項）。そして被疑者を「勾留」する決定をしますと、十日以内にその被疑者に対する「公訴提起」をしなければその被疑者を釈放しなければなりませんが、やむを得ない事由があるときは、この期間を延長でき、その延長期間は通じて十日を超えることはできません（同法第二百八条）。これが内乱罪、外患罪、騒乱罪のような場合にはさらに通じて最大限五日間の期間延長が認められています（同法第二百八条の二）。

この刑事訴訟法による「身柄拘束」の態様を「宮沢説」に当てはめて憲法第三十四条の「抑留」と「拘禁」を解釈するならば、「抑留」は「勾留決定」までの期間（逮捕から最大限七十二時間）の身柄拘束であり、「拘禁」とはその七十二時間に加えることの最大限十日間、場合によっては最大限二十日間、さらに場合によっては最大限二十五日間の身柄拘束を意味するとも考えられます。

しかし、「抑留」と「拘禁」と言うように「身柄拘束」の態様を分ける必要は全くないと思います。なぜならば、どちらの場合でも「理由を直ちに告げられ、且つ、直ちに弁護人に依頼する権利が与えられる」からであります。しかも、このように「抑留」と「拘禁」とを分けて規定するものだから、憲法第三十四条の「又」以下の規定が文字通り解釈するとどうにも不都合を来すのです。その不都合とは、「又」以下は「何人も、正当な理由がなければ拘禁されず」と規定しており、「何人も、正当な理由がなければ抑留又は拘禁されず」とは規定されていないのですから、そうなると、「正当な理由がなくとも」抑留はされると言うことになってしまうのではないでしょうか。

もっとも、「抑留」は「拘禁」と比べて前述のように、「身柄拘束」の期間が短いのだからそれでもよい、格別人権侵害とはならない、と言うような議論もあるかも知れませんが。そのような議論はやはり憲法本条の趣旨に反するとは思われます。とにかく、このように「身柄拘束」の態様を不必要にも「抑留」と「拘禁」に分けてしまい、しかも「正当な理由がなければ、拘禁されず」として、「抑留」については規定しなかったのは格別理由があるわけではないのですから、どうにも納得がゆきません。

要するに、本条は、拙劣な立法であり、拙劣な条文表現であると言うことに尽きるといえるわけです。従って、憲法第三十四条の後半の「又、」以下は「何人も、正当な理由がなければ、拘禁されず、」とあるのを「何人も、正当な理由がなければ、抑留又は拘禁されず、」と改正するか、あるいは、「抑留又は拘禁」とはせず、「身体を拘束」と表現することにより、第三十四条は「何人も、理由を直ちに告げられ、且つ、直ちに弁護人に依頼する権利を与へられなければ、身体を拘束されない。又、何人も、正当な理由がなければ、身体を拘束されず、要求があれば、その理由は、直ちに本人及びその弁護人の出席する公開の法廷で示されなければならない。」とすべきではないでしょうか。

5

第十九の欠陥

内閣の職務の「ごった煮」規定があるのだ（第七十三条）

憲法第七十三条は「内閣は、他の一般行政事務の外、左の事務を行ふ。」と規定し、「左の事務」を第一号から第七号までに掲げていますが、これらの「事務」が必ずしも内閣の事務にふさわしいものばかりではありません。例えば、第二号は「外交関係を処理すること。」とありますが、これは広い意味では内閣の職務権限内でしょうが、それよりも先ず、内閣を構成する「外務省の事務」であるわけです。それにも関わらず、このような次元の事項までをも「内閣の事務」として規定するとするならば、「法務関係の事務を処理すること。」（これは「法務省」の所管）、「経済産業関係の事務を処理すること。」（これは「経済産業省」の所管）、「農林水産関係の事務を処理すること。」（これは「農林水産省」の所管）というように、内閣を構成する各省庁の事務を（これらもすべて、広い意味では内閣の職務権限内のものですから）すべて列記しなければならないことになるのではないでしょうか。

次に、第一号は、「法律を誠実に執行し」とありますが、この「誠実に」はいかにも唐突な感じがします。それでは第二号以下の「事務の執行ないし処理」は「誠実」でなくてもよいのか、ということにもなりかねません。第三号は、条約の締結に関して「事前に、時宜によっては事後に、国会の承認を経ることを必要とする」とありますが、「事前」はよいとして、「事後に国会の承認を経る」とはおかしな日本語です。この「経る」とは物事の推移して行く途中の段階の場合に用いる用語なのですから、このような場合には「経る」ではなくて「得る」ではないでしょうか。第四号は「……官吏に関する事務を掌理すること」とありますが、日本国憲法は三権分立の国家統治機構でありますから、ここで言う「官吏」とはあくまでも「内閣に所属する公務員」でなければなりません。しかし、そうしますと、立法府に属する「国家公務員」（「国会職員」と称する）や司法府に属する「国家公務員」（「裁判所職員」と称する）、これ等を「特別職国家公務員」と言うのですが、これらに関する事務を掌理することを立法府たる国会及び司法府たる最高裁判所の「事務」として憲法に明記しないと均衡がとれないのではないでしょうか。

以上の諸点については、大概、井手成三氏がその著『困った憲法・困った解釈』の百四十三、百四十四頁で既に論述しているところであり、私の述べるところはその二番煎じであることを断っておきます。

また、第四号で「官吏」という表現をしていますが、第七条第五号でも「法律の定めるその他の官吏」というように「官吏」が用いられています。さらに、第九十三条第二項では「法律の定めるその他の吏員」と言う表現もあります。これらは、主に明治憲法時代の「公務員」を指す表現として用いられたものなのですが、日本国憲法は、一方では、第十五条第二項が「すべて公務員は」と表現し、第十六条が「公務員の罷免」とし、第十七条が「公務員の不法行為」とし、第九十九条及び第百三条では「その他の公務員」と表現しています。以上のように、憲法には「官吏」とか「公務員」とか「吏員」というように三種類の用語が用いられていますが、このような用語の使い分けをする必要は全くないのであり、このうちの「官吏」と「公務員」とは「国家公務員」を指し、「吏員」は「地方公務員」のことを指していることが、それらの条文規定の位置から伺われますので、端的に「国家公務員」又は「地方公務員」、それらを総称したときには「公務員」と言う用語で表現すべきでしょう。例えば、第九十三条第二項は「その他の吏員」とあるところを「その他の地方公務員」とすべきなのです。

6 第二十の欠陥

「行政機関は、終審として裁判を行ふことができない」というが、それでは「立法機関(国会)」は終審として裁判を行うことができるのか(第七十六条第二項)

憲法第七十六条第二項は「特別裁判所は、これを設置することができない。行政機関は、終審として裁判を行ふことができない。」と定めています。

ここで、「終審として裁判を行ふことができない」と言うことは、その反対解釈として、行政機関が「前審として裁判を行うこと」はできるということになります。実際その通りであって、人事院、公正取引委員会、選挙管理委員会、海難審判庁等の行政機関は「前審としての裁判」を行っています(注①)。

さて、それではもう一つ、「行政機関は、終審として裁判を行ふことができない」とあるのだから、その反対解釈として「立法機関は、終審として裁判を行ふことができる」のではないか、という解釈も成り立つと思われます。この点、宮沢俊義教授は「……「行政機関」が、終審として裁判を行うことを禁止するが、「立法機関」が終審として裁判を行うことはかならずしも禁止しないとの趣旨を有するものではない。立法機関といえども、憲法で特に例外が定められている場合は別であるが(議員の資格に関する争訟の裁判の如し)、終審として裁判を行うことは、本項の禁ずるところである。」と説いています(宮沢俊義著・芦部信喜補訂『全訂日本国憲法』六百四頁から六百五頁)。

たしかに、三権分立を規定している憲法全体の趣旨からすると、この宮沢説が正しい解釈だと思われますが、そうしますと、この「行政機関は、終審として裁判を行ふことができない。」と言う規定の仕方はどうも拙劣な感じがします。

なお、ここで「特別裁判所」とは、「最高裁判所及び法律の定めるところにより設置する下級裁判所」によって構成される裁判所組織体系とまったく連絡のない裁判所をいう（注②）、とされています。そして、宮沢俊義教授は、「一般の法律上の争訟は、（憲法第七十六条）第一項に定める裁判所の権限に属するのが原則であるから、そうした「特別裁判所」を設けるとすれば、それは必然的に、特定の身分をもつ人間または特定の性質の事件に関する訴訟についてのみ裁判権を有することになろう。明治憲法時代の軍法会議は、そうした特別裁判所のいい例である。」（注③）と説かれています。なぜ、「特別裁判所」の設置を禁ずるのかと言えば特別の身分を有する人間に対してのみ管轄権を有する特別裁判所を設けることは、法の下の平等の原理に反する、と言うことであります。

（注①）行政庁の「前審としての裁判（審判）」の根拠法として、国家公務員法第九十条・第百三条第六項、私的独占の禁止及び公正取引の確保に関する法律、公職選挙法第二百二条・第二百六条、海難審判法などがある。

（注②）その外にも旧憲法時代の「行政裁判所」及び「皇室裁判所」が特別裁判所の例である。

（注③）宮沢俊義著・芦部信喜補訂『全訂日本国憲法』六百一頁

7 第二十一の欠陥
法律と最高裁判所規則との上下、優劣関係はどうなっているの（第七十七条）

憲法第七十七条第一項は「最高裁判所は、訴訟に関する手続、弁護士、裁判所の内部規律及び司法事務処理に関する事項について、規則を定める権限を有する。」と定めています。ここでは、①訴訟に関する手続、②弁護士に関する事項、③裁判所の内部規律に関する事項、④司法事務処理に関する事項、の四つの事項については最高裁判所は規則を制定する権限があるというものですが、一方では、これらの事項について法律でも規定することができるものですから、そうなると、同じ事柄について「最高裁判所規則」と「法律」の両方で規定することがあり得ます。

そこで、そうした場合で、しかもこの両者が異なった内容を定めている場合には、国民はそのどちらに従うべきなのでしょうかということが問題になります。もっとも、これら①から④の事項については専ら「最高裁判所規則」の専管事項であって「法律」の関与すべきことではないとする解釈もありますが、そう言う解釈ならば問題は別ですから、それはここでは論じません。

さて、本件の問題は、最高裁判所規則と法律のいずれが優越するのか、いずれが形式的効力が上なのかと言う問題になります。それには、（イ）法律が最高裁判所規則に優越すると言う説、（ロ）最高裁判所規則が法律に優越すると言う説、（ハ）両者は同等であると言う説、（ニ）①及び②の事項については法律が最高裁判所規則に優越し、③及び④の事項については最高裁判所規則が法律に優越すると言う説、の四説があります。

これらのうちの（イ）説は、国会は全国民の代表者で構成する国権の最高機関であり、唯一の立法機関であり、その国会の制定する法規範である「法律」は憲法に次ぐ形式的効力を有するのであるから、最高裁判所規則よりも上位にあるというものです。

これに対して、（ロ）説は、一般的には（イ）説のように法律は憲法に次ぐ形式的効力を持つが、こと①から④に掲げる事項に限っては最高裁判所規則が法律に優越するのであるとし、もしそうでないとするならば、①から④に掲げる事項について最高裁判所に「規則制定権」を認めたことの意味がないことになると主張するのです。なぜならば、最高裁判所規則で定めた内容に矛盾抵触する内容を法律でもって規定することによって容易に最高裁判所規則の効力を失わせることができるからであると説きます。

（ハ）説は、これら（イ）説及び（ロ）説の考え方を踏まえて両者の形式的効力を同等と見るのです。従って、この説では「後法は前法を廃する」と言うことになります。つまり、仮に、先に「法律」が①から④の事項について規定した後に、同じく①から④の事項につき最高裁判所規則が規定をした場合で、両者がその規定内容が異なる場合には、後で規定した最高裁判所規則（これが「法律」の後法になりますから）が「法律」に優先すると言うわけです。

（ニ）説は、①及び②の事項について最高裁判所規則と法律が規定をした場合には、法律が最高裁判所規則に優越し、③及び④の事項につき最高裁判所規則と法律が規定をした場合には、最高裁判所規則の方が法律に優越する、と言うものです。なぜならば、①と②の事項は、広く国民に関わる事項であるから本来「法律」で規定すべき事項であるのに対して、③と④の事項は、三権分立の統治機構のうちの「司法権」に専属する権限事項であり、立法権から司法権の独立を守る上からも③及び④の事項を規定する限りにおいて最高裁判所規則を法律に優越させることに理由があると考えるものです。

以上のような考え方があるのですが、現実の運用はどうなっているのかと言いますと、次の二つの例が挙げられます。

第一の例は、刑事裁判における証拠書類等に対する証拠調べの方式について、「法律」(刑事訴訟法第三百五条第一項) と「最高裁判所規則」(刑事訴訟規則第二百三条の二第一項) とは、以下のようにその規定の内容を異にしています。

「検察官、被告人又は弁護人の請求により、証拠書類の取調をするについては、裁判長は、その取調を請求した者にこれを朗読させなければならない。但し、裁判長は、自らこれを朗読し、又は陪席の裁判官若しくは裁判所書記にこれを朗読させることができる。」(刑事訴訟法第三百五条第一項)

「裁判長は、訴訟関係人の意見を聴き、相当と認めるときは、請求により証拠書類又は証拠物中書面の意義が証拠となるものの取調をするについての朗読に代えて、その取調を請求した者、陪席の裁判官若しくは裁判所書記官にその要旨を告げさせ、又は自らこれを告げることができる。」(刑事訴訟規則〈最高裁判所規則〉第二百三条の二第一項)(注)

以上のように、「証拠書類等に対する証拠調べの方式」について、「法律」では「証拠書類等の朗読」を定めているのに対して「最高裁判所規則」である刑事訴訟規則では「証拠書類等の要旨を告げること」を定めているのであって、従って、両者は異なったことを定めているわけなのです。
次に、第二の例は、人身保護法（昭和二十三年法律第百九十九号）と、人身保護規則（昭和二十三年最高裁判所規則第二十二号）との関係であり、これも「法律」と「最高裁判所規則」の定める内容が以下のように異なる場合です。
「法律上正当な手続によらないで、身体の自由を拘束されている者は、この法律の定めるところにより、その救済を請求することができる。」（人身保護法第二条第一項）
「法第二条の請求は、拘束又は拘束に関する裁判若しくは処分がその権限なしにされ又は法令の定める方式若しくは手続に著しく違反していることが顕著である場合に限り、これをすることができる。但し、他に救済の目的を達するのに適当な方法があるときは、その方法によって相当の期間内に救済の目的が達せられないことが明白でなければ、これをすることができない。」（人身保護規則第四条）
この規則中で、「法」とは、人身保護法のことです。
以上のように、ここでも「法律」では、「法律上正当な手続によらないで身体の自由を拘束されている者」は、「その救済を請求することができる」と定めているのに、これに対して「最高裁判所規則」である人身保護規則では、「法律」で定めている「救済の請求要件」をさらに限定しているのですから、やはりこれは「法律」と「最高裁判所規則」とがその規定内容を異にしている場合に当ります。
これらのうち、第一の例では、現実の刑事裁判においては、事案によっては証拠書類等の取調は「証拠書類等の朗読」に代えて「要旨を告げさせる」ことが行われているとのことですが、それは「最高裁判所規則」が「法律」に優越するとする立場であると考えられます。それは、（ロ）説か又は（ハ）

説とも考えられます。（ハ）説と考える理由は、刑事訴訟法が昭和二十三年七月十日公布であるのに対して、刑事訴訟規則第二百三条の二の規定は、昭和二十五年の刑事訴訟規則の一部改正によって追加されたものでありますから、（ハ）説（同等説）は、「後法は前法を廃する」ということですから、それでも説明がつくことなのです。もっとも、刑事裁判によっては、やはり刑事訴訟法第三百五条により「証拠書類等の朗読」による証拠調も行われているとのことです。

いずれにしても、「法律」と「最高裁判所規則」の形式的効力については、どちらが優越するのかを憲法に明記する必要があると思われます。

（注）刑事訴訟法では、「裁判所書記」と表現し、刑事訴訟規則では「裁判所書記官」と表現してありますが、両者は全く同一のものであります。そして、（昭和二十四年法律第百七十七号）附則第三項により刑事訴訟法中の「裁判所書記」は「裁判所書記官」と読み替えることになっています。

愛読者カード

このたびは小社の本をお買上げ頂き、ありがとうございます。今後の企画の参考とさせて頂きますのでお手数ですが、ご記入の上お送り下さい。

書 名

本書についてのご感想をお聞かせ下さい。また、今後の出版物についてのご意見などを、お寄せください。

●購読注文書

ご注文日　　年　　月　　日

書　　名	冊 数

代金は本の発送の際、振替用紙を同封いたしますのでお支払い下さい。（３冊以上送料無料）

　なお、御注文はＦＡＸ（03-3239-8272）でも受付けております。

郵便はがき

料金受取人払

神田局承認

698

101-8791

007

差出有効期間
平成16年8月
4日まで

東京都千代田区西神田
2-7-6川合ビル

共栄書房　行

お名前《ふりがな》 電話	
ご住所（〒　　） （送り先）	

●新しい読者をご紹介ください。

お名前 電話	
ご住所（〒　　）	

第四章　「どだい無理な」七つの欠陥

1

第二十二の欠陥

「栄誉、勲章その他の栄典の授与は、いかなる特権も伴はない」（第十四条第三項）とあるが、これはどだい無理である

「文化勲章」の受賞者には年金が支給されることになっていますが、この「文化勲章の受賞」ということは憲法第十四条第三項に規定する「栄誉、勲章その他の栄典の授与」に当たることは異論はありません。そうなると「いかなる特権も伴わない」ということですから、「年金の支給」が「特権」でないならば問題はありませんが、これを「特権」ではないと解釈することは困難ですから、そうなると、「文化勲章の受賞者」に年金を支給している現行の制度は憲法第十四条第三項に違反する憲法違反の制度であり、無効であるということになるはずです。

しかし、この制度は憲法違反ではないと言う憲法の解釈運用がこれまでに確立しています。その理由はおおよそ次のように、「文化勲章」の受賞者に年金を支給するのではないのだから憲法違反ではないと言うものであります。

まず、「文化勲章」は文化の発展に尽くした功績が極めて顕著なる者を顕彰するために贈られる制度ですが、文化勲章を受賞される人は、先ずその前に「文化功労者」に選ばれることになっているのです。この文化功労者についてもまた文化の発展に尽くした功績が大きい人が選ばれるのであり、文化功労者に選ばれますと、「文化功労者年金法（昭和二十六年法律第百二十五号）」により、年額三百

五十万円の年金が終身支給されることになります。そして次に、この「文化功労者」の中でもさらに一段と文化の発展に尽くした功績が顕著な人が、その上の「文化勲章の受賞者」となるという仕組みになっています。

そうなりますと、「文化功労者」は必ずしも「文化勲章の受賞者」ではありませんが、これに対して「文化勲章の受賞者」は必然的に「文化功労者」ではあるのです。従って、「文化勲章の受賞者」には（本人が辞退しなければ）必然的に「年金の受給者」であることとなります。しかしそれは、「文化勲章の受賞」に伴って支給される「特権」ではなく、「文化功労者」として支給されるものなのだから、憲法第十四条第三項には違反しない、と言うわけなのです。

これは実に巧みなからくりなのですが、しかし、それでは「文化功労者」に選ばれること自体はどうなのでしょうか。これだって「栄典の授与」ではないでしょうか。「栄誉、勲章その他の栄典」と言うものは一様なものではなくその種類及び段階、程度にいろいろあるわけであって、「文化功労者」であっても、「文化勲章」よりは程度が下なのでしょうがそれでも「栄典」であることには変わりはないと思います。そうしますと「文化功労者」に法律でもって年金を支給するという制度自体も憲法第十四条第三項に違反するのではないでしょうか。

しかし、そう言う議論を展開しますと、すべて元も子もなくなってしまいますので、とにかく「文化功労者」に選ばれることは「栄誉、勲章その他の栄典の授与」ではないのだと強弁しているのです。また強弁せざるを得ないのです。それにしてもなぜこのような「強弁」が通ってしまうのかいささか奇異に思われます。「無理が通れば道理引っ込む」の例えがありますが、しかしこのような「強弁」が許されるのは、結局のところは、元々この憲法第十四条第三項の規定自体に無理があるからなのです。そして、一方、「文化勲章の受賞者」に年金を支給する制度の方が合理性があると一般的に認識されているからなのだと考えられます。つまり憲法第十四条第三項の規定の趣旨は「特権」をすべて禁止するものではなくて、その「禁止される特権の内容」を問題とすべきであって、言うならば民主主義の価値観に立って容認できないような「特権」だけを禁止するものであると解すべきなのではないでしょうか。

だから、例えば、文化勲章の受賞者には通常の選挙権者には認められないような二票とか三票の選挙権を与えるとか、選挙によらずに地方議会議員とか国会議員の地位を与えると言うようなことは禁止される「特権」と考えるべきではないか。これに対して、「年金の支給」のような経済的利便を与えると言うことは民主主義の価値観から容認されるものであると考えられるのではないでしょうか。もっともその支給される年金の金額も民主主義社会の一市民としては法外な王侯貴族の生活を送ることができるようなものであるならば、これはやはり禁止される「特権」となるでしょう。

そうなりますと、文化功労者年金法に基づき支給される年額三百五十万円の年金はどうかでありますが、平成十二年度で、所得税の課税最低限度が、サラリーマンの夫と、収入のない妻及び子供二人で構成する所帯（標準所帯）で年収が三百六十八万四千円となっております。つまり、年収三百六十八万四千円未満の者には所得税を課さないのです。これを一応の目安としてみれば、文化功労者年金法に基づく年金の年額三百五十万円は金額としては問題はないと思われます。

ところで、憲法第十四条第三項を以上のように解釈しようとしても、「いかなる特権も伴わない」と言う条文の表現からは無理があります。どうも現行憲法は「いかなる」とか「絶対に」とか「すべての」と言うような表現を好んでしていますが、そのために不合理を来しているものが多く、その典型的なものの一つが本条本項であります。

この点、井手成三氏は、「いかなる特権」を「いかなる政治的特権」と改正すべきであると主張していますが、まさに卓見であります（井手成三著『困った憲法・困った解釈』六十二頁）。

なお、読売新聞の「憲法改正第二次試案」（平成十二年五月三日付読売新聞朝刊に掲載）第十九条第三項は、「栄誉、勲章その他の栄典の授与は、いかなる特権も伴わない。ただし、法律で定める相当な年金その他の経済的利益の付与は、この限りでない。」としており、実に的確な条文を設けております。

2

第二十三の欠陥

「刑事被告人は、すべての証人に対して審問する機会を充分に与へられ、……」（第三十七条第二項）とあるが、これもどだい無理である

憲法第三十七条第二項は「刑事被告人は、すべての証人に対して審問する機会を充分に与へられ、又、公費で自己のために強制的手続により証人を求める権利を有する。」と定めています。この条文の批判については、先覚者である井手成三氏がその著書『困った憲法・困った解釈』で論じていますので、先ず、それを紹介します。

「……すべての証人などと言って、無制限に請求した証人全部に十分な審問をする機会など保障したら、訴訟が進行するわけがなく、実際の運用として証人の採否は裁判所が決定しているし、被告人の証人に対する審問も裁判長の判断で制限せられていて、憲法違反だと攻撃されかねない。また、同項後段には、『公費で自己のために強制的手続により証人を求める権利がある。』と規定しているが、自己のためになるなら、数限りなく証人を公費で、強制的手続で呼んでもらえるとでもいうのだろうか。『公費で』と書いてあるが、訴訟進行中の過程では被告人に支弁せしめないだけで、有罪の場合は結局、被告人の負担となる。といって、終局的負担まで国に義務づけるなどとなったら、それは保障の行き過ぎと言わねばならない。」（同著百頁）

井手氏の批判は実に簡潔明瞭で適切なものでありますが、一方、憲法の解釈学者の見解はどうかと

いいますと、宮沢俊義著・芦部信喜補訂『全訂日本国憲法』三百十五頁は次のように書かれています。

「『すべての証人に対して審問する機会を充分に与へられ』とは、被告人は、その証言が証拠とされるすべての証人に対し、直接に審問する機会を与えられる権利を有する意で、そのことは、当然に、被告人に審理の機会が与えられない証人の証言は証拠とされ得ないことを意味する。本項の趣旨は、『被告人または弁護人の面前でなされる証人の供述でなければ証拠にとれない』とする直接審理の原則を定めたものと解される（最判昭和二三・七・一九刑集二巻八号九五二頁における栗山裁判官の意見）。

ここから、刑事訴訟法の定める伝聞証拠の禁止の原則が生まれる（刑訴法三二〇条）。もっとも、この点について、合理的な例外は、かならずしも許されないわけではない（同三二一条以下）。」

以上二つの見解を紹介しましたが、ここで明らかなことは、前者が「法を立案する立場の人」（注）であるのに対して、後者は「法を解釈ないしは運用する立場の人」であると言うことの相違が明確に現れていると思います。

前者は、法律（憲法を含めて広い意味の法規範）を立案する立場にあった者であり、法律を立案するに当っては、その法文の解釈が二義（多義）に渡らないように細心の注意ないしは最大の努力を傾け、このため法文の立案に当たっては十分な推敲を練らなければならないのであります。このことから、どうしても、法文における用語の意味の解釈には厳密、慎重を極めることになり、一つ一つの用語の使用、文章表現には非常に厳格になることは避けられません。

一方、後者は法解釈者であり、この立場は、成立した法律について、その条文の規定の表現方法ないしは内容自体について多少の不自然さ、不合理さがあったとしても、また、そのような不自然、不合理があるからこそ、ある意味では法律解釈者の存在理由があるわけであって、法文をいかに合理的に説明するかという点に心血を注ぐものであります。そして、不自然、不合理と思われる法文をいかに合理性を持ったように説明できるか否かが、まさに解釈者の力量の問われる場面なわけであります。

このような両者の立場の相異から考えますと、後者は実に巧みに本条文の解釈を展開しており、又、本条文の具体的運用においても問題にすることはないようです。しかし、法文の解釈運用が絶妙であればあるほど、一方で、それが、法文の表現された記述内容から乖離したものとなってしまうことは避けられないように思われます。

この憲法第三十七条第二項を具体化したのが、刑事訴訟法第百四十三条であり、これは、「裁判所は、この法律に特別の定めのある場合を除いては、何人でも証人としてこれを尋問することができる。」と定めています。そして、「この法律に特別の定めのある場合を除いては」と言うのは、同法第百四十四条から第百四十九条に渡って規定されているものです。

これらの例を挙げますと、第百四十四条は「公務員又は公務員であった者が知り得た事実について、本人又は当該公務所から職務上の秘密に関するものであることを申し立てたときは、当該監督官庁の承諾がなければ証人としてこれを尋問することはできない。但し、当該監督官庁は、国の重大な利益を害する場合を除いては、承諾を拒むことができない。」とあります。

次に、第百四十五条第一項は、「左に掲げる者が前条の申立をしたときは、第一号に掲げる者については其の院、第二号に掲げる者については内閣の承諾がなければ、証人としてこれを尋問することはできない。」として、「衆議院若しくは参議院の議員又はその職に在った者」（第一号）及び「内閣総理大臣その他の国務大臣又はその職に在った者」（第二号）を規定し、その第二項では、「前項の場合において、衆議院、参議院又は内閣は、国の重大な利益を害する場合を除いては、承諾を拒むことができない。」とあります。

さらに、第百四十六条では「何人も、自己が刑事訴追を受け、又は有罪判決を受ける虞のある証言を拒むことができる。」とあります。

また、第百四十七条では「何人も、左に掲げる者が刑事訴追を受け、又は有罪判決を受ける虞のある証言を拒むことができる。」として「自己の配偶者、三親等内の血族若しくは二親等内の婚姻又は自己とこれらの親族関係があった者」（第一号）、「自己の後見人、後見監督人又は保佐人」（第二号）、「自己を後見人、後見監督人又は保佐人とする者」（第三号）を規定しています。また、第百四十九条では「医師、歯科医師、助産師、看護師、弁護士（外国法事務弁護士を含む。）、弁理士、公証人、宗教の職に在る者又はこれらの職に在った者は、業務上委託を受けたため知り得た事実で他人の秘密に関するものについては、証言を拒むことができる。但し、本人が承諾した場合、証言の拒絶が被告人のためのみにする権利の濫用と認められる場合（被告人が本人である場合を除く。）その他裁判所の規則で定める事由がある場合は、この限りでない。」と定めてあります。

以上のようなわけですから、かりに「証人」として刑事裁判の法廷に召喚されたとしても証言を拒むことができるわけであり、このため憲法第三十七条第二項の「すべての証人に対して審問する機会を充分に与へられ」ということでは決してないのであります。

つまり、憲法第三十七条第二項の規定するように「すべての証人に対して審問する機会を充分に与釈運用もそのような憲法の条文の文面通りにはなってはいないのです。

このことを解釈学者の方に言わせるならば、これらの刑事訴訟法の除外規定は当然ではないか、憲法がいかに「すべての証人に対して審問する機会を充分に与へられ」と定めてあるからと言って「合理的理由」による一定の制限は当然あり得るのだ、と言うのでしょう。しかし、国の憲法は最高法規であるとともに、基本的な法規なのでありますから、国民がその法文を素直に読んでその意味が、(できるだけ解釈を労することなく、) 正面から理解できるものであることが必要なのではないでしょうか。そのような観点から見るならば、やはり、憲法第三十七条第二項の規定の表現は不適切であり、前述の井手成三氏の批判が正当であると思われます。

憲法第三十七条第二項の「すべての」と言う表現の類は現行憲法によく見うけられるところであり、これはこの憲法の元となったマッカーサー草案の起草者の「人権擁護」、「基本的人権の遵守、尊重」に懸ける意欲ないし情熱のあらわれとしてはよく分かるのではありますが、どうも勢い余って「政治的スローガン」的であり、法文の表現としては適切さに欠けると思われます。

(注) 本書にたびたび引用されます『困った憲法・困った解釈』の著者井手成三氏は、昭和二十年内閣法制局第二部長、同二十一年第一部長、内閣法制局次長として、日本国憲法及び皇室典範の制定に参与されました。井手氏は同著の中で、現行日本国憲法がいかにGHQの圧力の下で、マッカーサー草案の押し付けを受け容れざるを得なかったかを記述しています。

3 第二十四の欠陥

「刑事被告人は、いかなる場合にも、資格を有する弁護人を依頼することができる。……」（第三十七条第三項）とあるが、これもどだい無理である。ここまで言うならば、被疑者の人権、さらにまた刑事事件の被害者の人権のことも考えるべき

憲法第三十七条第三項は「刑事被告人は、いかなる場合にも、資格を有する弁護人を依頼することができる。被告人が自らこれを依頼することができないときは、国でこれを附する。」と定めています。

ここでは「いかなる場合にも」と言う表現が気になるところですが、この点について、『註解日本国憲法　上巻』六百五十一頁は「（3）『刑事被告人は、いかなる場合にも、資格を有する弁護人を依頼することができる。被告人が自らこれを依頼することができないときは、国でこれを附する。』（三項）。前段は弁護人依頼権を規定したものであり、後段は、これを受けてさらに国選弁護人を規定したものである。弁護人は職権主義の色彩の強い刑事手続においてもきわめて重要なものであることはもちろんであるが、ことに当事者の攻撃・防御を主とする訴訟形態においてはその重要性は倍化する。第一項第二項において強い当事者主義の形態が予想されていることは既に述べたとおりで、第三項が弁護人に関する被告人の権利を保障したことは、この意味においていっそうよく理解されるであろう。」としており、敢えて「いかなる場合」の解釈はしてはおりません。

要するに、憲法第三十七条は、この第三項を含めて「被告人の諸権利」について最大限の保障を規

定したものであり、この憲法起草者の意欲、情熱が本条を通して「すべての」とか「いかなる」と言うような、政治運動的、人権擁護運動的「宣言文」、「スローガン」のようになってしまったものでありますが、もとより、法文としては大いに誤解を生じさせるものであります。

さて、このようにして被告人の権利保護は充分に保障されているとして、問題は「被疑者」についてであります。この「被疑者」とは、刑事事件において犯罪の嫌疑をかけられてはいるのですが、「刑事裁判事件として公訴されていない者」つまり、「起訴されていない段階の者」又は別の言い方をすれば、「まだ刑事裁判にはかけられていない段階の者」のことであります。これが裁判にかけられた場合には「被告人」と呼称するわけであります（注①）。

この被疑者については憲法には全く規定が設けられておりません。前述したことを再三くり返すようですが、犯罪が発生し、容疑者（被疑者）として逮捕されますと、その逮捕により身体を拘束された時から最大限七十二時間迄には、釈放されるのですが、「勾留の必要があるときは」は「公訴の必要等」を調べるために最大限十日間までの身体拘束がされます。起訴（公訴）しないとなれば、そこで釈放されるのです。しかし、公訴の可能性をさらに調べる等「やむを得ない事由があると認めるときは、検察官の請求により」さらに身体拘束が認められて、この延長された身体拘束期間は合計十日に至る迄可能です。そしてさらに、内乱罪、外患罪、騒乱罪等の被疑者にあってはさらに五日間までの身体拘束が認められています。

そうなりますと、逮捕されてからの身体拘束期間は、最長の場合は、最初の七十二時間（三日）、十日、十日、五日を合計して二十八日になります。これらの期間については、この被拘束者はまだ「被告人」ではありませんから、憲法第三十七条に定めるような人権保障はなく、被告人のための「国選弁護人」のような制度は保障されておりません。従って、同じく身体拘束がなされているにもかかわらず、「被疑者」は「被告人」と比較して著しく不利益であり、不公平な取り扱いを受けていると言えるのではないでしょうか。

さらに、憲法三十七条第三項は、同条第二項とあいまって刑事被告人の権利を弥が上にも手厚く保護しようとするものであり、その意図するところは分かるのですが、それでは、一方、当該犯罪行為の「被害者の権利」についてはどうなのでしょうか。これについては現行憲法が全くもって沈黙しているところであります。全くの考慮外という体たらくであり、犯人・被告人の取り扱いと対比して極めて不公正なことであります。

確かに近代憲法の制定された当時は、被告人の人権をいかに保護するかが、「基本的人権保障」上の重要な課題の一つであったことはその通りなのですが、現在は二十一世紀なのであり、もっと物事の均衡、公正さに目を向けなければなりません。そのためには、刑事被告人に対して、その権利保障のために既に「国選弁護人」制度が認められているのであるならば、その刑事事件の被害者については、民事上の損害賠償請求権を裁判上行使することを容易ならしめるべく民事の「国選弁護人」を附す制度等が必要なのではないでしょうか。早急にこの制度を憲法上に明記すべきであります（注②）。

（注①）新聞・ラジオ及びテレビでは、刑事裁判の「被告人」のことを「被告」として報道しますが、「被告」とは民事裁判における「原告」に対峙する一方の当事者のことを言うのであり、刑事裁判手続を規定している刑事訴訟法では「被告人」と表現しています。ジャーナリストがこれを「被告」と表現するのは何の根拠もない単なる慣習だそうですが、このような誤った慣習は速やかに止めてもらいたいものです。

（注②）従来、犯罪行為の犯人、刑事裁判の被告人の基本的人権にばかり手厚い保護が為されてきており、その犯罪の被害者の権利は一向に省みられなかったことへの痛烈な批判及び反省から、「犯罪被害者等給付金の支給等に関する法律」（昭和五十五年法律第三十六号）が制定されました。これは、犯罪の被害者に対して一定範囲の補償をするものでありますが、その点はよいとしても、その被害を完全に填補するまでには至っていません。従って、被害の完全な補償（実損填補）を求めるならば犯人である加害者を被告として民事裁判（不法行為に基づく損害賠償請求）を起こすほかありません。そしてこの場合に「弁護士」が必要となるわけであります（もちろん、日本の民事裁判は、原則として弁護士なしの「本人訴訟」ですが、実際問題として本人訴訟は非現実的です。）。このため、刑事事件の被害者が加害者に対して不法行為に基づく損害賠償請求訴訟を提起するために必要な弁護人を国が面倒を見る制度（民事国選弁護人制度）を創設すべきです。もっとも仮に、その民事裁判で被害者側が勝訴して、損害賠償請求が認められたとしても、犯人側が充分な資力がない場合には、結局のところ損害は填補されないことになります。これが、古代ローマの社会であったならば、債務者はその債務の弁済のために「債務奴隷」になってまでも債務の完済をしなければならなかったのですが、基本的人権の保障を最大の任務とする現代社会（及びその憲法）は、これを認めていません。このため、刑事事件の被害者は極めて悲惨な境遇に落ちるのが現状なのであります。従って、右の犯罪被害者等給付金制度の一層の充実が求められます。

4

第二十五の欠陥

国会による内閣総理大臣の指名は、他のすべての案件に先立って行う旨定めているが、これもどだい無理である（第六十七条第一項）

憲法第六十七条第一項は「内閣総理大臣は、国会議員の中から国会の議決で、これを指名する。この指名は、他のすべての案件に先だって、これを行ふ。」と定めています。例えば、衆議院が解散されますと、内閣は期限付の存在になり、衆議院議員の総選挙があり、特別国会が召集されて、国会の議決により内閣総理大臣を指名し、早急に期限付内閣に代わって正規の内閣を形成するということになるわけでありますから、事は急がなければなりません。

しかし、そうかと言って何もかにも後回しにして、ただ、「内閣総理大臣の指名」を真っ先に行うということもできないでしょう。やはり、どうしても、その前に「内閣総理大臣の指名」のための段取りが必要です。そのためにも、第一に、解散後に始めて召集された国会で新しい衆議院の組織構成がなされなければなりません。

それやこれやで、現行憲法施行後の第一回国会以来、内閣総理大臣の指名よりも前に国会が行った議事としては、①議院の役員の選挙・辞任及び信任に関する件、②議員の議席の指定、③新議員の紹介、④国会の会期の件、⑤国会の会期延長の件、⑥議員の請暇の件、⑦国会法の一部を改正する規則案、⑧委員会の委員の選任、⑨特別委員会設置の件、⑩調査会設置の件、⑪政治倫理審査会委員の選任、⑫各種委員の選挙、⑬永年在職議員表彰の件、⑭逝去した議員の哀悼に関する件、⑮法制局長の任命昇任の件、があります。

このような先例からも伺われますように、国会による内閣総理大臣の指名は文字通り「他のすべての案件に先だって、これを行ふ。」と言うことは、憲法施行以来なかったわけなのです。しかし、このような先例は厳密に言えば、あるいは厳密に言わなくても憲法違反ということになるわけなのです。

ところが、従来、このことが問題にされたと言うことは思い当りません。それは、先例のような憲法違反が格別実害があるわけでもないし、かえって憲法の条文の方がどだい無理なことを規定しているからなのでしょう。

とにかく、内閣の構成が最重要課題であり、そのためには内閣総理大臣を逸早く決めなければならない、それには国会による内閣総理大臣の指名を「他のすべての案件に先だって、これを行ふ。」べきであるということなのでしょうが、その立法者の意思はよく分かるのですが、少々「気負い過ぎ」の感があり、この気負いをストレートに法文に表現しただけに、明らかに不合理な規定となっているのです。

5　第二十六の欠陥

「すべて裁判官は、……この憲法及び法律にのみ拘束される。」（第七十六条第三項）とあるが、これもどだい無理である

これは、裁判官は法規範によってのみ裁判をなすべきであり、その他の事柄、例えば個人的事情とか自己の感情とかが裁判に影響することがあってはならない、と言うように一般的には解釈されています。しかし、法文の文字面を見ると「憲法及び法律にのみ拘束される。」と言うようにご丁寧に「のみ」と表現されています。

ここで、「法律」とは法規範一般を指すつもりのようにも考えられるのですが、同時に「憲法」と並べてあるところからすると、この「法律」は狭義の法律、つまり、国会の制定する民法、商法とか、「〇〇に関する法律」と言った憲法に次ぐ形式的効力を有する具体的な「法律」を指すことになりそうです。そうしますと、裁判官は最高裁判所規則、政令、省令、委員会規則、条例のような成文法や不文法である慣習法等には拘束されないのかと言う疑問が生じます。勿論、そのようなことはありません。

従って、本条で言う「法律」とは広く裁判規範である「法規範一般」を指すと解するべきなのです。そうであるならば、「憲法及び法律にのみ拘束される。」というのは正確な表現ではありません。憲法も広い意味では「法」、「法律」、「法規範」ですから、それなら「すべて裁判官は、法に拘束される。」

と表現した方が適切だと思います。ここで、「のみ」という表現を省いたのは、裁判に当って適用する「法」、「法規範」がない場合には「条理」に従って裁判をしなければならないこともあるからなのです。

かくして、本条の「憲法及び法律にのみ拘束される。」という規定の仕方はいかにも拙劣であります。

憲法のこの点についての批判は、これまでも再三登場する井手成三氏が『困った憲法・困った解釈』で論じているので、以下紹介します。

「……「この憲法及び法律にのみ拘束される」の文言だが、ただ訴訟の形式的進め方について（すなわち手続法として）、憲法及び法律に拘束せられるという意味だけで立言することでは真意をくみかねる。仮りに、それならそれにしても憲法法律のほかに裁判所規則をも掲げなければならない。この規定のいう憲法及び法律は、手続法及び実体法を含むと解することが至当であろう。裁判官は裁判の実質的内容として、憲法法律はもとより、命令、規則、条例のような成文法規さらに慣習法をも具体的なケースに照らし合わせて適用する職責を有するものであり、憲法及び法律にのみ拘束せられるだけでは困るのである。本項の「この憲法および法律」の意味はひろいのであろうが、表現としては舌足らずのそしりを免れない。」（同著、百五十二、百五十三頁）。以上の井手氏の批判は実に適格であります。

6 第二十七の欠陥

「われらは、これに反する一切の憲法、法令及び詔勅を排除する」（憲法前文第一段）とあるが、「一切の憲法」とは何のこと

憲法前文のこの部分のもう少し前の部分から紹介しますと「そもそも国政は、国民の厳粛な信託によるものであって、その権威は国民に由来し、その権力は国民の代表者がこれを行使し、その福利は国民がこれを享受する。これは人類普遍の原理であり、この憲法は、かかる原理に基くものである。」とあって、これに続いて、「われらは、これに反する一切の憲法、法令及び詔勅を排除する。」となるわけであります。

この「人類普遍の原理」なるものが大変格調高く謳われているので多少なりとも面食らってしまうのですが、要するに「国民主権主義」及び「民主主義」のことを言っているのであり、これが「人類普遍の原理」であると言い、我が日本国憲法は、まさに、この人類普遍の原理に基づいているのだと宣言しているのです。

そこまでは何とか理解できるのですが、問題は次の「われらは、これに反する一切の憲法、法令及び詔勅を排除する。」の部分です。これについて、宮沢俊義教授は、「……従来の日本にあった憲法以下のすべての成文法だけでなく、将来成立するであろうあらゆる成文法を、上に述べた「人類普遍の原理」に反するかぎり、みとめない意味である。「憲法、法令及び詔勅」とあるのは、その名称のなん

であるかを問わず、いっさいの成文法（正確にいえば、成文の形式を有する法律的意味をもつ行為）を意味する。

日本国憲法に反する法令が効力を有しないことは、第九十八条の定めるところであるが、ここでの狙いは、それとはちがい、『国民の、国民による、国民のための政治』という『人類普遍の原理』に反する法令はいっさいみとめないとする意図を言明するにある。従って、別に定められる憲法改正の手続をもってしても、この原理に反する規定を設けることはできないことが、ここで明らかにされていると解される。」と説いています（宮沢俊義著・芦部信喜補訂『全訂日本国憲法』三十九頁）。

ここで第九十八条に言及されていますので、同条を引用しますと、第一項は「この憲法は、国の最高法規であつて、その条規に反する法律、命令、詔勅及び国務に関するその他の行為の全部又は一部は、その効力を有しない。」とあり、第二項は「日本国が締結した条約及び確立された国際法規は、これを誠実に遵守することを必要とする。」とあります。

このようにして、憲法前文と第九十八条とはほぼ同じ法規範が登場して「憲法違反」の場合を規定しているのですが、宮沢教授はその重複を避けるべく実に巧みな解釈を展開しています。前文の方では、将来制定しようとする「憲法、法令及び詔勅」が現行憲法の依って立つ「人類普遍の原理」に反する場合にはそれは排除される（制定することはまかりならぬ）ということを規定したものであり、第九十八条では、憲法の最高法規性から、憲法に違反する「法律、命令、詔勅等」は無効であると言うわけでしょう。

ところで、それではいずれにしても、憲法に違反する「条約」はどうなるのでしょうか。もっとも、わが憲法は「人類普遍の原理」に依って立つ以上、その締結された「条約」（これは勿論「人類普遍の原理」に立っているわけでしょうから）が憲法に違反すると言うことは考えられない、と言うのでしょうか。

とにかく、宮沢説は、「憲法改正には限界がある」とする立場ですから、前記のような解釈になるのでしょうが、憲法改正には限界はないとする立場からは、そのような解釈は必ずしも成り立ちません。現行憲法の制定時にあって、憲法は、国民主権主義及び三権分立の統治機構を規定したのであって、この憲法下でもって、大日本帝国憲法のように天皇の「詔勅」が制定されることは絶対に有り得ないのであって、それにもかかわらず「これに反する一切の憲法、法令及び詔勅を排除する。」とあるのは、どうも、現行憲法制定当時から見て将来制定されるであろう法規範のことではなくて、現行憲法制定当時に既に存在する「法規範」のことを言っているように思われます。

そうなると「これに反する一切の憲法」とは何を言うのか全く分かりません。この前文の個所は、司令部草案（つまりマッカーサー草案）の前文に見られ「……茲ニ人民ノ意思ノ主権ヲ宣言シ、国政ハ其ノ権能ハ人民ヨリ承ケ其ノ権力ハ人民ノ代表者ニ依リ行使セラレ而シテ其ノ利益ハ人民ニ依リ享有セラルル神聖ナル信託ナリトノ普遍的原理ノ上ニ立ッ所ノ此ノ憲法ヲ制定確立ス、而シテ我等ハ此ノ憲法ト抵触スル一切ノ憲法、命令、法律及詔勅ヲ排斥及廃止ス」とあります。現行憲法はこのマッカーサー草案の「而シテ我等ハ此ノ憲法ト抵触スル一切ノ憲法、命令、法律及詔勅ヲ排斥及廃止スル」を基本的には引き継いでいるわけであります。

ここから憶測しますと、マッカーサー草案の起草者は日本の国家機構を誤解して、漠然とアメリカ合衆国の国家体制と同じ様に考えたのではないかと思われます。アメリカ合衆国はその当時四十九の州があって、その各州には各々「州憲法」が存在しており、さらに「連邦憲法」が存在するのです。問題はこの「州憲法」と「連邦憲法」との関係です。連邦憲法と州憲法との優劣関係は日本人的感覚では問題ではないのですが、各州の連合により連邦国家が形成されて来たというアメリカの国家の成り立ちからすれば、必ずしも「連邦憲法」が「州憲法」に優越するとは言えないのです。

そこで、「アメリカ合衆国憲法（一七八八年）」の〔最高法規〕を規定する第六条第二項は「この憲法、これに準拠して制定される合衆国の法律および合衆国の権限に基づいて締結されまた将来締結されるすべての条約は、国の最高法規である。各州の裁判官は、各州の憲法または法律中に反対の定めある場合といえども、これに拘束される。」としています。

これが「確認規定」かどうかは分かりませんが、とにかくここで明白なように、「この憲法」というのが「アメリカ連邦憲法」であり、それが「最高法規」であることを謳うと同時に、「各州の裁判官」は、各州の憲法の規定が「連邦憲法の規定」に反する場合には「連邦憲法」の規定に拘束されることを規定し、アメリカの「連邦憲法」は「州憲法」に優越することを明記しているわけです。そして、このようなアメリカの国家組織機構が念頭にある中でもって日本国憲法草案の起草がなされたのではないかと考えられます。

だから、「これに反する一切の憲法」などと言うような、あたかも日本には「日本国憲法」以外にも憲法があるかの如き表現が存在することになったのかと思われます。ところが、日本国はアメリカ合衆国のような「連邦国家」ではありませんから、「憲法」が複数あるのかという気遣いは全くありません。まあ、以上のようなことを憶測しつつも、とにかく、日本国憲法前文の「これに反する一切の憲法」とはよく分からない表現です。

7

第二十八の欠陥

「すべて皇室財産は国に属する。すべて皇室の費用は、予算に計上して国会の議決を経なければならない」(第八十八条)とあるが、これもどだい無理である

憲法第八十八条は「すべて皇室財産は、国に属する。すべて皇室の費用は、予算に計上して国会の議決を経なければならない。」と定めています。この規定の立法論的ないしは立法技術的な批判については、既に先覚者であります井手成三氏がその著『困った憲法・困った解釈』において論述し尽くしていますので、以下、同著を紹介します。

「本条は、皇室財産の国庫帰属及び皇室経費の国会議決に関する規定である。第八条と同じように、皇室の財産及び経費に関するG・H・Qの必要以上の神経質な心くばりから生まれた、およそ意味のくみとりにくい条文である。

前段は、『すべて皇室財産は、国に属する。』と規定したが、従前御料財産は、国の財産以外に独立の存在であったことを排斥し、ひとしく国有財産の一部門であることを判然としようとしたものであろう(国有財産法第三条第二項第三号皇室用財産)。

旧御料は、新憲法施行前に、大部分必要な整理が終わっており、新憲法施行当時の皇室財産の処置なら経過規定でこと足り、本条におくことは適当でない。

将来生ずべき皇室の財産の国庫帰属といっても、天皇初め皇族の私的収入による財産を国有に帰属

せしめる趣旨だなどと言ったら、人に笑われるだろう。もっとも、文字だけからいえば、皇室財産に私的財産が入らないと読む方がむしろ無理で、条理からみて入らないと言うほかなく、何としても不出来な条文である。

そうすると、将来にわたって、皇室用に供せられる公的財産を国有の財産から切り離して天皇、皇族または皇族一体の財産というような制度の樹立を禁じておこうという趣旨でもありそうだが、新憲法全体のたて方からみて、わざわざ、このような条文をここにおいておかなくても、当然のことであり、いらぬ心配をしたことになる。

後段は、『すべて皇室の費用は、予算に計上して国会の議決を経なければならない。』と規定した。旧憲法時代の皇室経済自律主義から出る国会無関与の御料収入による経費の賄い、あるいはまた国庫支出の皇室経費の定額に対する予算に関する議会の権能の制限（旧憲法第六十六条）などを排し、皇室関係予算といえども、国の他の支出と同様、国会の審議議決を経ることを要する旨規定したもので、当然のことであるが、「すべて皇室の費用は」などというから、皇室の私的資産により生ずる収入、また、例えば原稿料収入、勤労所得等によるものを含めて賄われる私経済のことまで、予算に計上して、国会の議決でかれこれ審議しなければならないのかなどというような馬鹿馬鹿しい質問さえも出てくる始末である。」（同著百七十一、百七十二頁）。

本条は第八条ともその趣旨目的を同じくするものであり、要するに戦前の天皇および皇室の所有する御料を始めとする莫大な財産が新憲法の下でも存在するような事態、また、皇室への財産の移動が皇室を財閥化するような事態となるのを極力避けようとしたＧＨＱの日本占領政策がここに現れていると思われるのであります。皇室が財閥化することにより皇室が日本の保守勢力の中心的存在と化し、それがGHQの進める日本の民主化に対する大きな阻害要因となることをおそれたわけであります。

このため、本条の基となった、マッカーサー草案第八十二条は「世襲財産ヲ除クノ外皇室ノ一切ノ財産ハ国民ニ帰属スヘシ一切ノ皇室財産ヨリスル収入ハ国庫ニ納入スヘシ而シテ法律ノ規定スル皇室ノ手当及費用ハ国会ニ依リ年次予算ニ於テ支弁セラルヘシ」と定めています。この規定と現行憲法第八十八条とを比較しますと、草案では「世襲財産」を除外している点と、現行憲法が「すべて」とあるのを「一切ノ」と表現していること、また、「一切ノ皇室財産ヨリスル収入ハ国庫ニ納入スヘシ」と言う、文字面からするならば非常識極まりない規定内容となっている点、さらに続けて、「而シテ法律ノ規定スル皇室ノ手当及費用ハ国会ニ依リ年次予算ニ於テ支弁セラルヘシ」と、かなり具体的に規定していますが、両条文の内容は全体としては、ほぼ同趣旨であります。

憲法第八十八条の解釈としては、前述の井手成三氏が説くように「皇室の私的資産により生ずる収入、また、例えば原稿料収入、勤労所得等によるものを含めて賄われる私経済のことまで、予算に計上して国会の議決でかれこれ審議しなければならない」ということではないでしょう。しかし、これは、あくまでも本条の趣旨目的から解釈してのことなのであり、素直な文字解釈をするならば、これらの私経済のことまでいちいち国会の審議を要することとなると思われます。要するに問題なのは、憲法というものは国家の最高法規であり、基本法であり、最も国民にとって重要な法規範なのでありますが、その内容は格別専門技術的なことを定めている訳ではないのであって、国民のだれもが読んで理解できるものでなければならないのです。ところが、この憲法第八十八条の条文は、文字面だけからはその規定している意味内容を正しく把握し難く、その規定の趣旨目的までをも考え合わせなくては正しい理解に至らないと言うことなのであります。要するに本条は、井手成三氏の言われるように「何としても不出来な条文」なのであり、立法技術的に稚拙な条文なのです。

第五章　「足りない欠落」七つの欠陥

1 第二十九の欠陥

憲法には、「政党」についての規定がないのだ

先ず、「政党」とは何かと言うことで、一般的な定義を見ると「政治的な目的を有し、その目的達成のために政治的な活動をする結社、すなわち政治（事）結社又は政治団体を一般的に「政党」という。」とあります（林修三等共編・第六次改訂版『法令用語辞典』四百二十九頁）。

また、別の説明では「一定の政策を掲げ、それに対する国民の支持を背景に政府機構の支配の獲得・維持を通じてその実現を図ろうとする、自主的・恒常的な組織団体」であり、その役割としては「国民が国家の意思形成過程に関与する過程において、政党が重要な役割を果たしていることは否定できない事実である。実際、政党は、政治過程の実態に即してみれば、議会制民主主義を支える重要な存在である。政党の問題点は、私的な団体がこのような公的な役割を果たしているところにある。」としています（伊藤真『試験対策講座5　憲法』三百十四頁）。

同著は、さらに続けて「例えば、自由民主党という政党は私的結社にすぎないのです。よって、どのような人を党首にするかは、その私的団体の内部問題であって、国家やまわりの国民が口を差し挟む問題ではないともいえます。ですから、お金を集めることが上手な人を党首にしても、本来はなんら問題ないわけです。ところが、第一党の党首は議院内閣制のもとでは、ほぼ自動的に内閣総理大臣

になります。ということは、私的団体であるにもかかわらず、そこでの意思決定はきわめて公的な重要な意味を持ってくるのです。となれば、それを法律などで規制する必要もでてくるのではないかということが問題になるのです。このように、私的結社という点を強調するとできるだけ干渉すべきではないのですが、その公的役割に着目するとほっておくわけにはいかないのです。この調和が政党の問題のポイントです。」と、非常に明快に「政党」の問題点を指摘しています。

このように本来的には「私的な団体・結社」にすぎない「政党」が、その果たす役割の「公的性質」のために、公職選挙法、政治資金規正法、政党助成法、政党交付金の交付を受ける政党等に対する法人格の付与に関する法律、国家公務員法、地方公務員法等によってこれまで様々な規制がなされては来ていますが、現行憲法においては、「政党」についての明文の規定はなく、ただ、第二十一条第一項が「集会、結社及び言論、出版その他一切の表現の自由は、これを保障する。」として、わずかに「結社の自由」という表現の中に「政党」の在り様を読み込むことができるにすぎないわけです。

ドイツの学者であるトリーペルは、「政党」に対する国家の態度の歴史的変遷を説明していて、それによると、①政党に対する「敵視」の段階、②「無視」の段階、③「承認及び合法化」の段階、④「憲法的編入」の段階とあるということです。当初の段階で「敵視」とあるのは、近代憲法の制定当時は、国家以外に「団体」が存在することは、それによって国民の権利・自由が制限されると考えられたからであります。④の段階の「憲法的編入」の例としては、ドイツ連邦共和国基本法（一九四九年）、いわゆるボン基本法が以下のように規定しています（樋口陽一・吉田善明編『解説世界憲法集　第３版』百八十一頁、百八十二頁）。

第二十一条〔政党の憲法的地位〕

（1）　政党は国民の政治的意思形成に協力する。政党の結成は自由である。政党の内部秩序は、民主制の諸原則に合致していなければならない。政党は、その資金の出所および用途について、ならびにその財産について、公的に報告しなければならない。

（2）　政党のうちで、その目的またはその党員の行動からして、自由で民主的な基本秩序を侵害もしくは除去し、またはドイツ連邦共和国の存立を危うくすることを目指すものは、違憲である。その違憲の問題については、連邦憲法裁判所がこれを決定する。

（3）　詳細は、連邦法律でこれを規律する。

現在の日本国における「国家」と「政党」との関係は、トリーペルの分析に従うならば、③「承認および合法化」の段階と言うことでありますが、前述のように「政党」に関する各種の法的規制が存在していることから見ても、もう既に、ドイツと同様、政党の「憲法的編入」の段階にあるべきなのではないでしょうか。つまり、日本国憲法に「政党」についての基本的な規定を設けるべきなのであります。

2

第三十の欠陥

暫定予算や継続費の制度が憲法に規定されていないのは極めて不都合であり、また、暫定予算が成立しないときは、しばしば「予算の空白」時が生ずるのだ

現行憲法下では、毎年四月一日から翌年の三月三十一日までを「予算年度」としています。そして、予算は一年度限りの効力しかありませんから、毎年その年度の予算を国会の議決で成立させなければなりません。しかも、毎年度の予算はその予算年度の始まる前、遅くとも三月三十一日迄に成立していなければならないわけなのです。

しかし、政治情勢、国会の情勢によっては三月三十一日には到底予算が成立する見込みがない場合が当然有り得ますし、現にそう言う事態は何度もありました。そうなりますと、新年度になって、つまり四月一日以降に、法律的には国が国費を支出しなければならない場合であっても新年度予算が成立していないため、国は国費の支出が出来ないと言う不都合を来すことがあるわけです。

このような事態にあっては、大日本帝国憲法では「帝国議会ニ於テ予算ヲ議定セス又ハ予算成立ニ至ラサルトキハ政府ハ前年度ノ予算ヲ施行スヘシ」（同憲法第七十一条）と規定していましたので、この点は問題はありませんでした。しかし、現行憲法では財政民主主義の原則から「国の財政を処理する権限は、国会の議決に基いて、これを行使しなければならない。」（第八十三条）とか、「内閣は、毎会計年度の予算を作成し、国会に提出して、その審議を受け議決を経なければならない。」（第八十六

条）と規定しておりますので、旧憲法の時の「前年度予算施行」と言うような便法は認められません。

このようにして財政民主主義を徹底していることは良いのですが、そうは言っても、予算が成立しなければ前記のような不都合を来すわけであり、そのような状態を放置するわけにもゆきません。

そこで、何とか工夫を凝らした結果、財政法第三十条に「暫定予算」の制度を設けました。この制度は、「内閣は、必要に応じて、一会計年度のうちの一定期間に係る暫定予算を作成し、これを国会に提出することができる。」（第一項）とあり、「暫定予算は、当該年度の予算が成立したときは、失効するものとし、暫定予算に基く支出又はこれに基く債務の負担があるときは、これを当該年度の予算に基いてなしたものとみなす。」（第二項）というものです。この制度は国が法律上の支出義務を負っているものについてのみ、その財政的支出根拠を定めるわけですから、「暫定予算」には政策費は計上することはできないことになっています。

ところで、新年度が始まる時までに新年度予算が成立する見込みのない場合には常にこの「暫定予算」が内閣で作成されて国会に提出されるというわけのものでもないのです。また、仮に暫定予算が国会に提出されたからと言って必ずしも「暫定予算」が成立するとは限らないのです。過去の例によりますと、新年度に入って二、三日後に新年度予算の成立が見込まれるような情勢の場合には元々「暫定予算」が国会に提出されることはないようなのです。そうなりますとこの二、三日というものは日本国において全く予算のない時が出現するわけであり、現に何度も出現していたのです。これを「予算の空白」と称しています。予算の空白の具体的な例を挙げると、昭和五十三年度予算は、同年四月四日に成立したので、従って四月一日から四日までの間は「予算の空白」があったわけであり、昭和五十四年度予算は、四月三日に成立、昭和五十五年度予算は四月四日に成立、昭和五十六年度予算は、四月二日に成立、昭和五十七年度予算は、四月五日に成立、と言うことでしたから、四月一日からこれらの予算成立までの間はこれらの各予算年度における「予算の空白」があったわけです。

しかしこの「予算の空白」のときでも法律上国費を支出しなければならないことがあるのです。そして、もしこの間に国費を支出しなければ、国は違法行為を犯すことになるわけであり、国が債務不履行責任を負うことになるわけなのです。そこで、事のついでにこう言う場合に国は一体どのような処置を執って来たのかと言いますと、以下のような処置を執って来ました。

① 監獄法に基づき支給される被収容者作業賞与金等については、第三者による立替え（矯正施設ごとの職員（国家公務員）の積立金）で対処した（注①）。

② 供託法に基づく供託金の利子の支払については、予算決算及び会計令により供託金（歳入歳出外現金）の繰替使用で対処した（注②）。

③ 郵便貯金法に基づく支払利子、定額貯金割増金及び簡易生命保険法に基づく還付金等の支払については、予算決算及び会計令による郵政官署における現金の繰替使用で対処した（注③）。

④ 失業給付金等は、雇用保険法等に基づき四週間に一回ごと指定された日に支給されることになっており、前年度歳出予算の残を使用して支払い、予算成立後に年度更正を行って対処した（注④）。

⑤ 生活保護費は、受給者への支払及び支払日の決定は、各都道府県等が行っており、毎月五日が大半を占めている。支払日から補助金交付決定の日までの間の国庫負担分については、予算成立後速やかに交付決定することとしている。

⑥　刑事訴訟費用等に関する法律等に基づいて出頭する証人等の旅費については、予算成立後精算払いした。
⑦　刑事訴訟費用等に関する法律に基づく国選弁護人に支給する費用は、予算成立後に後払した。
⑧　資金運用部資金法に基づく「資金運用部預託金利子」の支払いについては、予算成立後に後払した。
⑨　立法事務費は、国会における各会派に対する立法事務費の交付に関する規程により毎月一日に交付されることになっているが、両議院議長決裁により、予算成立の日の翌日まで交付期日を延期した。
⑩　国会職員の給与は、国会職員の給与等に関する規程により毎月五日に支給されることになっているが、両院の事務総長及び国立国会図書館長の決済により、予算成立の翌日まで支給日を延期した。
⑪　参議院速記生徒手当は、国会職員の給料等の支払期日の延期の取扱いに準じて対処した。
⑫　刑務所等の被収容者、国立更生援護機関入所者、国立病院患者等の食糧費は、前年度からの持越食糧により対処した。
⑬　国立学校、国立病院等の医薬品等購入費は、前年度からの持越医薬品等により対処した。
財政法第三十条が、ある年度の予算がその年度開始前に成立しないという事態に伴う国政運営上の支障を回避するために、その予算が成立するまでの期間内に支出することを必要とする経費等についてその支出等を行い得るように、一定の期間に係る「暫定予算」の制度を定めたのですが、前記のように、諸般の事情から、この「暫定予算」も成立しない場合があり、そのためいわゆる「予算の空白」

が生ずることとなるのであります。この「予算の空白」が生じた期間内は、新年度の予算の執行は行えないが、この間の国政の円滑な運営に支障を生ずることがないように立替払い等の方法を駆使することにより、新年度の予算の執行とならない（つまり新年度の予算に手を付けない）形でやむを得ず必要最小限度の財産処理を行うものであります。

次に、一会計年度を越えて国費を支出しなければならない場合のために「継続費」の制度が財政法に次のように規定されています。

第十四条の二　国は、工事、製造その他の事業で、その完成に数年度を要するものについて、特に必要がある場合においては、経費の総額および年割額を定め、予め国会の議決を経て、その議決するところに従い、数年度にわたって支出することができる。

2　前項の規定により国が支出することができる年限は、当該会計年度以降五箇年度以内とする。但し、予算を以て、国会の議決を経て更にその年限を延長することができる。

3　前二項の規定により支出することができる経費は、これを継続費という。

4　前三項の規定は、国会が、継続費成立後の会計年度の予算の審議において、当該継続費につき重ねて審議することを妨げるものではない。

このように数年度にわたって国費の支出を余儀なくされるものについては、その数年度分の支出を予め国会の議決に係らしめる制度でありますが、前記のように現行憲法の「財政民主主義」の見地から予算、従って国費の支出については毎年国会の議決が必要なのであり(憲法第八十六条)、国民の税金の使途を「予算」という形でもって、それを国民の代表者で構成する国会が審議する機会を出来るだけ多く確保することが、「予算単年度主義」なのであり、それの例外が「継続費」と言うことなのであります。そうなりますと、結局、このことは、憲法の財政民主主義の例外的規定を財政法に定めているということになるのであって、この財政法第十四条の二は憲法違反の疑いを否定できません。そこでこの点に配慮してか、前記のように、財政法第十四条の二第四項では「前三項の規定は、国会が継続費成立後の会計年度の予算の審議において、当該継続費につき重ねて審議することを妨げるものではない。」とわざわざ規定しております。しかし、それでもこの財政法の規定は憲法違反の疑いを払拭できません。この点、大日本帝国憲法第六十八条は「特別ノ須要ニ因リ政府ハ予メ年限ヲ定メ継続費トシテ帝国議会ノ協賛ヲ求ムルコトヲ得」と賢明にも「継続費」の制度を憲法自体に規定しておりました。現行憲法は大日本帝国憲法の規定の趣旨を承継したと思われるものもあるのですが、このような肝心の規定には無頓着であり、というよりはただただ「財政民主主義」一点張りでその不都合さの点に配慮が足りなかったのではないかと思われます。

このように見て来ますと、「暫定予算」や「継続費」の制度は、現在、財政法に規定されており、それが、前記のような憲法違反の問題もあるのですから、やはりこれらの制度は憲法自体に規定すべきものであります。

（注①）この「被収容者作業賞与金」とは、例えば懲役刑によって刑務所で服役中に、刑務作業を行うことによりその受刑者に支払われる金銭であり、この支払時が「予算の空白」期間であると予算が存在しないから国費からは支払うことができないので、矯正施設（刑務所）の刑務官等で構成する私的な組織である職員会の積立金で立替払をするわけです。その立替払の状況は、横浜刑務所外四十刑務所の実績として、立替払された金額は、昭和五十三年度は二十四万九千円、昭和五十四年度は七万九千円、昭和五十五年度は百二十四万六千円、昭和五十六年は二十一万千円、昭和五十七年は六十五万四千円となっています。

（注②）「予算の空白」期間内に供託利子の繰替使用は、東京法務局で、昭和五十三年度は三百三十五万千円、昭和五十四年度は九百六十六万八千円、昭和五十五年度は九百九十九万六千円、昭和五十六年度は二百七十九万六千円、昭和五十七年度は四百五十万九千円となっています。

（注③）「予算の空白」期間内の郵便貯金特別会計に係る繰替使用は、四億三千六百七十五万七千円（昭和五十三年度）、二億千百四十七万四千円（同五十四年）、六十四億九千四百三十九万八千円（同五十五年）、三億千五百七十二万三千円（同五十六年）、九億四千七百十六万九千円（同五十七年）となっています。同じく簡易生命保険及び郵便年金特別会計に係る繰替使用は、五十三億四千三百六十七万九千円（昭和五十三年度）、三十二億千四百三十二万七千円（同五十四年）、百六億六千七百七十七万三千円（同五十五年）、四十五億九千三百九十九万四千円（同五十六年）、百三十七億八千四百十八万三千円（同五十七年）となっています。

（注④）「予算の空白」期間内に支払った「失業給付金」の金額は、二十二億五千八百四万六千円（昭和五十三年度）、三億九千七百八十一万円（五十四年度）、八十二億五百六十万四千円（五十五年度）、四十五億四千九百二十七万九千円（五十六年度）、百十四億九千二十七万八千円（五十七年度）となっています。

3

第三十一の欠陥
憲法には、環境保全義務や環境権の規定がないのだ

人類の歴史上、現在ほど環境汚染が深刻な問題になっている時代はないということは明白な事実であります。もっと大きく考えて見て、地球の歴史上これほど地球上の生物の生育・生息・生活環境が汚染されていると言う時代はないのですが、これはすべて人類の営みがもたらした結果であることから、地球環境汚染原因者はわれわれ「人類」だけなのであります。

この点に鑑みて、この反省から、最近は、「かけがえのない地球」とか「地球に優しい……」とか盛んに言われるようになりました。このような反省が生まれることは大変結構なことなのですが、地球にとってみれば、「別段、優しくしてもらう必要」はないのです。どんなに粗末にされても、汚染されても構わないのです。これは別に地球が拗ねているのではありません。困るのは人類の方なのです。この点に深い思いを致すならば、「地球に優しく」と言うことでさえ、いささか傲慢に感じられます。

さて、もっと俗っぽい話しに戻りまして、現行憲法は、第二十五条第二項が「国は、すべての生活部面について、社会福祉、社会保障及び公衆衛生の向上及び増進に努めなければならない。」と定めています。二十世紀に制定された憲法が多かれ少なかれ「社会国家的憲法」の性格を有するものであり、その特色が実はこのような「社会国家的基本権」を規定しているものであります。現行憲法の基となっ

たマッカーサー草案の起草された今から五十余年前の日本国の社会の現状を見るならば、このように「社会福祉、社会保障および公衆衛生の向上及び増進」に努めることがまさに急務であったことは誰も否定できないわけであります。

しかし、現在のわが国の実情を見るに、これらの事項についてはほぼ達成されたものと考えることができると思います。もちろん、それだからと言ってこれらの事項を憲法に規定することが不要となったと言うつもりはありません。問題は、これらの事項が憲法に定められているならばそれと同等かそれよりもある意味では重要な「国民の環境権ないしは、国及び国民の環境保全義務」なるものを憲法に明記することの方が、今日的意味で重要なのではないでしょうか。

この「環境」に関する事柄に多少言及するならば、「環境問題」は当初は「公害問題」として国民、社会ないし国家の関心事となり、昭和四十年代初期には「公害対策基本法（昭和四十二年法律第百三十二号）」が制定されました(注)。

この基本法が基になって、その後、「大気汚染防止法（昭和四十三年法律第九十七号）」、「騒音規制法（昭和四十三年法律第九十八号）」、「公害紛争処理法（昭和四十五年法律第百八号）」、「水質汚濁防止法（昭和四十五年法律第百三十八号）」、「公害防止事業費事業者負担法（昭和四十五年法律第百三十三号）」、「海洋汚染及び海上災害の防止に関する法律（昭和四十五年法律第百三十六号）」、「農用地の土壌の汚染防止等に関する法律（昭和四十五年法律第百三十九号）」、「人の健康に係る公害犯罪の処罰に関する法律（昭和四十五年法律第百四十二号）」、「悪臭防止法（昭和四十六年法律第九十一号）」、「特定工場における公害防止組織の整備に関する法律（昭和四十六年法律第百七号）」、「公害等調整委員会設置法（昭和四十七年法律第五十二号）」、「自然環境保全法（昭和四十七年法律第八十五号）」、「瀬戸内海環境保全特別措置法（昭和四十八年法律第百十号）」、「防衛施設周辺の生活環境の整備等に関する法律（昭和四十九年法律第百一号）」、「振動規制法（昭和五十一年法律第六十四号）」、「特定空港周辺航空機騒音対策特別措置法（昭和五十三年法律第二十六号）」、「広域臨海環境整備センター法（昭和五十六年法律第七十六号）」、「湖沼水質保全特別措置法（昭和五十九年法律第六十一号）」、「特定物質の規制等によるオゾン層の保護に関する法律（昭和六十三年法律第五十三号）」等が制定されました。

さらに、この「公害問題」は「環境問題」へと発展拡大して、平成に至っては、前掲の「公害対策基本法」は「環境基本法（平成五年法律第九十一号）」へと発展的解消し、この環境基本法と前後して、あるいは環境基本法に基づいて、あるいはその趣旨目的を体して、さらに多くの法律が制定されました。

その例を挙げますと、「資源の有効な利用の促進に関する法律（平成十二年法律第四十八号）」、「循環型社会形成推進基本法（平成十二年法律第百十号）」、「容器包装に係る分別収集及び再商品化の促進等に関する法律（平成七年法律第百十二号）」、「スパイクタイヤ粉じんの発生の防止に関する法律（平成二年法律第五十五号）」、「自動車から排出される窒素酸化物及び粒子状物質の特定地域における総量の削減等に関する特別措置法（平成四年法律第七十号）」、「環境影響評価法（平成九年法律第八十一号）」、「特定家庭用機器再商品化法（平成十年法律第九十七号）」、「地球温暖化対策の推進に関する法律（平成十年法律第百十七号）」、「南極地域の環境の保護に関する法律（平成九年法律第六十一号）」、「特定化学物質の環境への排出量の把握等及び管理の改善の促進に関する法律（平成十一年法律第八十六号）」、「ダイオキシン類対策特別措置法（平成十一年法律第百五号）」、「食品循環資源の再利用等の促進に関する法律（平成十二年法律第百十六号）」、「特定製品に係るフロン類の回収及び破壊の実施の確保等に関する法律（平成十三年法律第六十四号）」「ポリ塩化ビフェニル廃棄物の適正な処理の推進に関する特別措置法」（平成十三年法律第六十五号）等枚挙に暇がありません。

とにかく、今日、これほどまでに、いわゆる「環境権ないし環境保全義務」なるものが問題となっているのにもかかわらず、憲法には「環境権」の規定は全く見当たりません。もっともそれでは前述の種種の環境権に関する法律について憲法上の根拠は何もないのかと言いますと、そうではなく、憲法第十三条が「すべて国民は、個人として尊重される。生命、自由及び幸福追求に対する国民の権利については、公共の福祉に反しない限り、立法その他の国政の上で、最大の尊重を必要とする。」と規定しており、この条文の解釈から同条に「環境権」の憲法上の根拠を見い出すことができるのだとされています。

もっとも、この「環境権」ばかりではなく、「プライバシー権」とか「自己決定権」とか「人格権」ないしは「嫌煙権」などというものまでもが（これらをまとめて「新しい人権」と称するのですが）、憲法第十三条にその根拠を求めることが出来るのだと主張する有力な考え方があります。

勿論憲法は、あらゆる場合、あらゆる人権を想定して規定を設けると言うことにはどうしても限界がありますから、そこで、憲法の相当する規定を解釈することから憲法に明記されていない「新しい人権」を導き出すことも一概に否定することはできないと思います。

しかし、この「環境権」の重要性についてはもう既に十分国民の間において、また、社会において、あるいは国家において、さらに国際社会においてその理解が行き渡っており、理解が定着した事柄なのですから、その「環境権」がいつまでも一般的な規定である憲法第十三条の解釈から導き出されるものとするのではなくて、今や憲法上に明文で規定する段階に来ているのではないかと思われます。

この点、国際社会においては、「中華人民共和国憲法（一九八二年公布）」第二十六条第一項は「国家は、生活環境と生態環境を保護・改善し、汚染その他の公害を防止する。」と規定しており、また、「大韓民国憲法（一九八七年改正）」第三十五条は第一項で「すべて国民は、健康でかつ快適な環境の下で生活する権利を有し、国家および国民は、環境保全のために努めなければならない。」とし、第二項では「環境権の内容および行使に関しては、法律でこれを定める。」と定めています。

一方、日本においては昨今の憲法改正の動きの中で、平成十二年五月三日に発表された読売新聞社の「憲法改正第二次試案」第二十九条第一項は、「何人も、良好な環境を享受する権利を有し、その保全に努める義務を有する。」とし、同条第二項は、「国は、良好な環境の保全に努めなければならない。」としています。

この「環境権」は一応は「基本的人権」として考えられていますが、他の「基本的人権」とは異なっていることに注目しなければなりません。これは、例えば、「人格権」とか、プライバシー権のような基本的人権はその権利者において適当に処分できる性質の権利でありますから、権利者は加害者と適当に妥協、つまり和解することも可能です。

しかし、この「環境権」とはそのような個人特有の権利、処分可能な権利ではありません。それに、専ら国家権力に対して主張すればどうにかなるという性質の権利でもありません。また、国家がどうこうすることができる部分は極めて限られているという性質のものなのです。言うならば、国民全体が「環境保全の義務」を尽くした結果として「良好な環境」を享受できるという性質の権利なのだと考えられるわけであります。

このように考えることができるものなのですから、前述の「大韓民国憲法」や読売新聞社の「憲法改正第二次試案」に規定されている「環境権」条項は実に的確な内容のものであり、将来の現行憲法改正に当たっての良き参考になるものと思われます。

（注）公害対策基本法（昭和四十二年法律第百三十二号）制定前においても、「公害対策」の法律は存在しており、建築物用地下水の採取の規制に関する法律（昭和三十七年法律第百号）、環境事業団法（昭和四十年法律第九十五号）等がその例であります。

4 第三十二の欠陥

「令状主義」は、「犯罪捜査」だけでなく「行政調査」にも必要なのに憲法は、「行政調査」のための「令状主義」は全然考えていないのだ

憲法第三十五条は、第一項が「何人も、その住居、書類及び所持品について、侵入、捜索及び押収を受けることのない権利は、第三十三条の場合を除いては、正当な理由に基いて発せられ、且つ捜索する場所及び押収する物を明示する令状がなければ、侵されない。」と定め、同条第二項は「捜索又は押収は、権限を有する司法官憲が発する各別の令状により、これを行ふ。」とあります。

この憲法の規定は、刑事手続について定めたものであり、この憲法の規定を受けて、刑事訴訟法が「押収及び捜索」について詳細な規定を設けています。ところで、問題はこの憲法の規定が「立入検査」とか、「行政調査」といった「行政手続」についてもその根拠となるものか否かということであります。この立入検査とか行政調査について定めている法律は数多く見うけられ、その例を挙げると、以下のようです。

○食品衛生法（昭和二十二年法律第二百三十三号）

（報告・臨検・検査・試験用の収去）

第十七条　厚生労働大臣、都道府県知事、地域保健法（昭和二十二年法律第百一号）第五条第一項の規定に基づく政令で定める市（以下「保健所を設置する市」をいう。）の市長又は特別区の区長は、

必要があると認めるときは、営業を行う者その他の関係者から必要な報告を求め、当該官吏吏員に営業の場所、事務所、倉庫その他の場所に臨検し、販売の用に供し、若しくは営業上使用する食品、添加物、器具若しくは容器包装、営業の施設、帳簿書類その他の物件を検査させ、又は試験の用に供するのに必要な限度において、販売の用に供し、若しくは営業上使用する食品、添加物、器具若しくは容器包装を無償で収去させることができる。

2　前項の規定により当該官吏吏員に臨検検査又は収去をさせる場合においては、これにその身分を示す証票を携帯させなければならない。

（注）「（報告・臨検・検査・試験用の収去）」とある条文の見出しは、食品衛生法本来の「条文の見出し」ではなく、「六法全書」の編集部で便宜上附したものである。

○信用保証協会法（昭和二十八年法律第百九十六号）

（報告及び検査）

第三十五条　主務大臣は、この法律を施行するため必要があると認めるときは、協会に対し報告をさせ、又はその職員に協会の事務所に立ち入り、業務若しくは財産の状況若しくは帳簿書類その他必要な物件を検査させることができる。

2　前項の規定により立入検査をする職員は、その身分を示す証票を携帯し、関係人にこれを呈示しなければならない。

3　第一項の規定による立入検査の権限は、犯罪捜査のために認められたものと解してはならない。

○熱供給事業法（昭和四十七年法律第八十八号）

（立入検査）

第二十八条　経済産業大臣は、この法律の施行に必要な限度において、その職員に熱供給事業者又は第二十四条に規定する者の営業所、事務所その他の事業場に立ち入り、熱供給施設、帳簿、書類その他の物件を検査させることができる。

2　前項の規定により立入検査をする職員は、その身分を示す証明書を携帯し、関係人に提示しなければならない。

3　第一項の規定による立入検査の権限は、犯罪捜査のために認められるものと解釈してはならない。

さて、ここで問題となるのは、これらの法律に定める「立入検査」は、憲法第三十五条に定める刑事事件についての「その住居、書類及び所持品について、侵入、捜索及び押収」とは異なるものであるから、憲法の規定及びこれを受けた刑事訴訟法第九章（第九十九条以下の規定）の適用はないと考えられています。

従って、「侵入、捜索及び押収」について、「司法官憲」（つまり、裁判官）の「令状」は必要ではありません。その代わりに「臨検検査、物件を収去」する「官吏吏員」、「立入検査」する「職員」は「その身分を示す証票」を携帯すること、関係人にその証票を呈示しなければならないというように刑事手続としての私人の住居、書類及び所持品について、侵入、捜索及び押収することとは異なることを明記しています。一方、このことは、刑事事件ではなく、行政上の「立入検査」においても、住居の平穏や所有権の保護が同様に図られなければならないことが十分に認識されているということでもあると考えられます。そうであるならば、このような「行政上の立入検査」の根拠についても憲法第三十五条のようにやはり憲法上に明記する必要があるのではないでしょうか。

次に、問題は、「立入検査の権限」についてその権限は、「犯罪捜査のために認められるもの」と解釈してはならない旨が定められています。これは、その「立入検査」により得られた物件が刑事裁判における犯罪行為の「証拠」としてはならないとの趣旨であると考えられます。そのことはよいとして、一方、刑事訴訟法第二百三十九条第二項は「官吏又は公吏は、その職務を行うことにより犯罪があると思料するときは、告発をしなければならない。」と定めてありますから、例え、「立入検査」では、その取得した物件が犯罪についての「証拠物件」とされないとしても、その物件の発見を端緒として、今度は改めて犯罪捜査を行うことができることになるわけであります。このように考えられる以上は、行政処分に関する「立入調査」についても、やはり前述のように憲法第三十五条に相当する根拠規定を、別個憲法上に設けることが必要なのではないでしょうか。

なお、参考までに、行政上の「立入検査」等を規定してある法律及びその根拠条文をさらに例示すると以下のようなものが在ります。
①石油パイプライン事業法（昭和四十七年法律第百五号）第三十六条（報告徴収及び立入検査）
②核原料物質、核燃料物質及び原子炉の規制に関する法律（昭和三十二年法律第百六十六号）第六十八条（立入検査等）
③特定放射性廃棄物の最終処分に関する法律（平成十二年法律第百十七号）第二十三条（報告及び立入検査等）、第八十四条（報告及び立入検査）
④放射性同位元素等による放射線障害の防止に関する法律（昭和三十二年法律第百六十七号）第四十

三条の二（立入検査）
⑤エネルギーの使用の合理化に関する法律（昭和五十四年法律第四十九号）第二十五条（報告及び立入検査）
⑥鉄道事業法（昭和六十一年法律第九十二号）第五十六条（立入検査）
⑦宅地建物取引業法（昭和二十七年法律第百七十六号）第五十条の十二（報告及び検査）
⑧不動産特定共同事業法（平成六年法律第七十七号）第四十条（立入検査等）
⑨たばこ事業法（昭和五十九年法律第六十八号）第四十二条（立入検査）
⑩塩事業法（平成八年法律第三十九号）第三十条（報告及び検査）
⑪電気事業法（昭和三十九年法律第百七十号）第百七条（立入検査）
⑫ガス事業法（昭和二十九年法律第五十一号）第四十七条（立入検査）
⑬商品取引所法（昭和二十五年法律第二百三十九号）第百三十六条の三十一（立入検査）
⑭卸売市場法（昭和四十六年法律第三十五号）第六十六条（報告及び検査）
⑮特定債権等に係る事業の規制に関する法律（平成四年法律第七十七号）第四十八条（立入検査等）
⑯建設業法（昭和二十四年法律第百号）第三十一条（報告及び検査）
⑰建築士法（昭和二十五年法律第二百二号）第二十六条の二（報告及び検査）
⑱質屋営業法（昭和二十五年法律第百五十八号）第二十四条（立入及び調査）
⑲古物営業法（昭和二十四年法律第百八号）第二十二条（立入及び調査）
⑳風俗営業等の規制及び業務の適正化等に関する法律（昭和二十三年法律第百二十二号）第三十七条

（報告及び立入）
㉑保険業法（平成七年法律第百五号）第二百六十五条の四十六（報告及び立入検査）

5 第三十三の欠陥

内閣の「予備費」の制度は規定しても（第八十七条）、国会と裁判所の「予備金」の制度は一段階下の「法律」に定めてあるだけで、「憲法」にはないのだ

憲法第八十七条第一項は「予見し難い予算の不足に充てるため、国会の議決に基いて予備費を設け、内閣の責任でこれを支出することができる。」と定め、第二項は「すべて予備費の支出については、内閣は、事後に国会の承諾を得なければならない。」と定めています。このように、本条は「予備費」について定めているのですが、「内閣の責任でこれを支出することができる。」と定めているところを見ると、これは内閣所管の予算についてだけ予備費を設けることを規定していると言うことになります。そうなりますと、現行憲法は三権分立の国家統治機構ですから、立法府である「国会」（厳密に言えば衆議院と参議院の各議院を言います。以下同じ。）や司法府である「裁判所」のそれぞれ所管する予算についての「予備費」なるものについては憲法は定めてないということになり、これらの「予備費」を設けることはできないのかという問題が生じます。

しかし、この点については、国会法第三十二条が「両議院の経費は、独立して、国の予算にこれを計上しなければならない。」（第一項）、「前項の経費中には、予備金を設けることを要する。」（第二項）と定めています。また、裁判所法第八十三条は「裁判所の経費は、独立して、国の予算にこれを計上しなければならない。」（第一項）、「前項の経費中には、予備金を設けることを要する。」（第二項）と

定めています。このようにして、結果的には、内閣所管の予算だけではなく国会及び裁判所の所管する予算についても「予備費」ないしは「予備金」を設けることができるように定められているのであります。ところで問題は、その根拠が内閣の「予備費」の場合には「憲法」であるのに対して、国会と裁判所の「予備金」の場合には憲法よりも一段階下の法規範である「法律」で定められているのですから、これでは、三権分立の国家統治機構から見て不適当ではないかということであります。

この「予備費」の制度は、既に大日本帝国憲法において存在し、同憲法第六十九条は「避クヘカラサル予算ノ不足ヲ補フ為ニ又ハ予算ノ外ニ生シタル必要ノ費用ニ充ツル為ニ予備費ヲ設クヘシ」と定めていました。この旧憲法時代は天皇が統治権を総攬する国家統治機構（三権分立の統治機構ではありません）でしたから、国家予算のすべては統治権を総攬する天皇の下の内閣が所管していたのであり、従って、「予備費」も内閣の所管するもの以外を考慮する必要はなかったわけなのです。この点、どうも現行憲法の立法者は三権分立の国家統治機構を構想していながらそれが本当に分かってはいなかったのではないかと言う思いが致します。

次に、憲法は「予備費」の支出については事後に「国会の承諾」を得なければならないと定めていますが、国会と裁判所が所管する「予備金」については、その支出後の「国会の承諾」については、国会法、及び裁判所法には定めてはいません。つまりこれらは「予備金」とあるように憲法で言うところの「予備費」ではない（性格的には「予備費」に相当するものですが）ものだから、その支出についてその後の国会の承諾を得ないとしても問題ではないということなのでしょうか。もっとも、国会予備金に関する法律（昭和二十二年法律第八十二号）第三条は「各議院の予備金の支出については、これを議院運営委員会の委員長が、次の常会の会期の初めにおいて、その院に報告して承諾を求めなければならない。」と定めています。また、裁判所予備金に関する法律（昭和二十二年法律第百十七号）第二条は「裁判所の予備金を支出するには、事前に、時宜によっては事後に、最高裁判所の裁判官会議の承認を得なければならない。」と定めています。

このように、内閣所管の「予備費」の支出については、事後に国会の承諾を得なければなりませんが、衆議院所管の「予備金」及び参議院所管の「予備金」の支出については、事後に各議院の承諾を得ることとされ、国会の承諾ではありません。また、裁判所所管の「予備金」の支出についても最高裁判所の裁判官会議の承認が求められているのであり、国会の承諾は必要ではありません。このような制度は、三権分立の国家統治機構から見て不均衡なように思われます。

もっとも、内閣所管の年間予算及びその「予備費」と比べて国会や裁判所の所管する年間の予算額及びその「予備金」の金額などは微々たるものなのだから、そもそも国会や裁判所所管の「予備金」については「憲法」に規定するまでのことはないし、また、国会（衆議院及び参議院）や裁判所の「予備金」の支出後に国会の承諾を求めるほどのことはないと言うのが立法者、立案者の意思なのかと、私のような元国会職員は「ヒガミタクナル」のです。

6 第三十四の欠陥

国務大臣の訴追の特権だけが規定されており(第七十五条)、摂政や国事行為の臨時代行者の訴追の特権は一段階下の法律に定めてあるだけで、憲法には規定がないのだ

憲法第七十五条は「国務大臣は、その在任中、内閣総理大臣の同意がなければ、訴追されない。但し、これがため、訴追の権利は、害されない。」と定めています。これは「国務大臣」は大臣としての在任中は内閣総理大臣の「同意」がなければ刑事裁判にかけられないという特権を定めたものです。もっともこの間に公訴の時効は進行しないと言うのが但し書の意味ですので、国務大臣でなくなれば公訴時効になる迄は訴追されることはあり得ます。

これと同じような訴追の特権を定めた規定は他にも有ります。皇室典範第二十一条は「摂政は、その在任中、訴追されない。但し、これがため、訴追の権利は、害されない。」と定め、また、国事行為の臨時代行に関する法律（以下「国事行為臨時代行法」と略します。）第六条は「訴追の制限」という条文見出しで「第二条の規定による委任を受けた皇族は、その委任がされている間、訴追されない。ただし、このため、訴追の権利は、害されない。」と定めています。ここで、「第二条の規定による委任を受けた皇族」とは、「国事行為の臨時代行者」というものです。

この国事行為の臨時代行者とは、国事行為臨時代行法第二条第一項が「天皇は、精神若しくは身体の疾患又は事故があるときは、摂政を置くべき場合を除き、内閣の助言と承認により、国事に関する

行為を皇室典範（昭和二十二年法律第三号）第十七条の規定により摂政となる順位にあたる皇族に委任して臨時に代行させることができる。」と定めるところの「皇族」であります。さらに、国事行為臨時代行法第二条第二項は「前項の場合において、同項の皇族が成年に達しないとき、又はその皇族に精神若しくは身体の疾患若しくは事故があるときは、天皇は、内閣の助言と承認により、皇室典範第十七条に定める順序に従って、成年に達し、かつ、故障がない他の皇族に同項の委任をするものとする。」となっています。一方、「摂政」については、皇室典範第十六条第一項が「天皇が成年に達しないときは、摂政を置く。」と定め、同条第二項が「天皇が、精神若しくは身体の重患又は重大な事故により、国事に関する行為をみずからすることができないときは、皇室会議の議により、摂政を置く。」とあります。

この皇室典範と国事行為臨時代行法により、「摂政」と「国事行為の臨時代行者」との相違は、摂政は「天皇が成年に達しないとき」に置かれることについてを別として、それ以外の場合には、天皇に「精神若しくは身体の疾患若しくは事故があるとき」には「国事行為の臨時代行者」が置かれ、これらの程度が「重患ないしは重大」であるときは「摂政」が置かれる、という相異があります。そして、「摂政」と「国事行為の臨時代行者」の両者とも「天皇の国事行為」を行う権限を有することには変りはありません。

ところで、前記の「国務大臣」については「訴追の特典」が憲法に規定されていますが、これに対して「摂政」と「国事行為の臨時代行者」は、国務大臣よりも高い地位にある（注）にもかかわらず「訴追の特典」が「皇室典範」とか「国事行為の臨時代行に関する法律」というような憲法ではなくて、憲法よりも一段階下位の法規範である「法律」に定められているのであって、これは公正さを著しく欠くのではないでしょうか。

さらに言えば、憲法第九十九条は「天皇又は摂政及び国務大臣、国会議員、裁判官その他の公務員は、この憲法を尊重し擁護する義務を負ふ。」と定めていますが、この規定には「国事行為の臨時代行者」がありません。それではこの者が同条に規定する「憲法尊重擁護義務」を負わなくても良いと言うことなのでしょうか。それはどう見てもおかしいと思います。それでは「国事行為の臨時代行者」は同条で言う「その他の公務員」に含まれると解釈するのでしょうか。そう解釈するしか説明の仕方がありません。しかし、これは立法論的にはしっくりいきません。要するに、新しく「国事行為の臨時代行者」の制度を設けるに際して、そのためには「国事行為の臨時代行に関する法律」のような法律を制定する必要がありますが、そのときに、憲法第九十九条を改正して、そこに「国事行為の臨時代行者」を加えるべきだったのでした。もっと正確に言うならば、まず、憲法第九十九条を「天皇又は摂政並びに国事行為の臨時代行者及び国務大臣、国会議員、裁判官その他の公務員は、この憲法を尊重し擁護する義務を負ふ。」と改正し、その後に「国事行為の臨時代行に関する法律」を制定すると言う順序にすべきなのであります。

（注）憲法第九十九条は憲法尊重擁護義務について、「天皇又は摂政及び国務大臣、……」というように、「摂政」を「国務大臣」の上位に置いています。

7 第三十五の欠陥

最高裁判所の長たる裁判官の任命は天皇が行うが（第六条第二項）、その罷免の規定は無いのだ

憲法第六条第二項は「天皇は、内閣の指名に基いて、最高裁判所の長たる裁判官を任命する。」と定めています。このように「任命」について規定するならばその「罷免」についても規定するのが物事の筋道と言うものではないかと思われるのですが、憲法には「最高裁判所の長の罷免」の手続き等は何等定めてはおりません。そこで、法律ではこの点をどうしているのかと見ると、裁判官分限法第一条に「免官」について規定しています。同条第一項は「裁判官は、回復の困難な心身の故障のために職務を執ることができないと裁判された場合及び本人が免官を願い出た場合には、日本国憲法の定めるところによりその官の任命を行う権限を有するものにおいてこれを免ずることができる。」と定めています。

しかし、そうなると、「最高裁判所の長たる裁判官の罷免」については、「日本国憲法の定めるところによりその官の任命を行う権限を有するものにおいてこれを免ずることができる」のですから、つまりは「天皇」が最高裁判所の長たる裁判官（最高裁判所長官）を罷免することができるということになります。しかし、この「罷免する行為」は天皇の「私的行為」ではないし、また、天皇は「国政に関する行為」はできませんから、それでもないことになります。最高裁判所の長たる裁判官の任命

行為が内閣の助言と承認に基づいて行われる天皇の国事行為であるのですから、そうなるとこの「任命」との対比で、その「罷免」は、やはり「国事に関する行為」であると考えるしかありません。

ところで、憲法は、第四条第一項において「天皇は、この憲法の定める国事に関する行為のみを行ひ、国政に関する権能を有しない。」と定め、その「国事に関する行為」とは、憲法で規定されている天皇の行為に限定されるとするのが一般的な解釈です。そこで、憲法第七条その他の規定を見ても、天皇が「最高裁判所の長たる裁判官を罷免する」ことについては「国事に関する行為」であるとは何等定めてはいないのです。そうなると、元々、憲法が「最高裁判所の長たる裁判官の罷免」を「国事に関する行為」とは定めていないにもかかわらず、憲法よりも下位の法規範である「法律」（つまり、裁判官分限法）でもってこのように定めることはできないわけなのです。やはり、この「最高裁判所の長たる裁判官の罷免」については憲法自身において国事に関する行為の一つとして規定すべきものなのであります。

第六章　「さらに厳しい目で見た」七つの欠陥

1 第三十六の欠陥

憲法第十一条、第十二条、第十三条の各規定は、憲法前文から落ちこぼれたものではないか

憲法にはその憲法が依って立つ根本原理、原則を規定したものが存在するのであり、その根本原理、原則を改正することは認められず、もしその根本原理、原則を改めようとするならば、それは「憲法の改正」ではなく、一種の憲法上の「革命」であるとする考え方が在ります。これは「憲法改正」には限界があると言う立場から論ぜられるものでありますが、それではこの「憲法改正」の限界とはどういうものかと言えば、いくつかの考え方がありますが、①国民主権主義、②平和主義、③基本的人権の尊重、の三点を挙げるのがもっとも一般的なものです。

一方、憲法の「前文」には、その憲法制定の歴史、沿革及びその憲法の基本原理、原則等が謳われているのが通例であります。そこで、日本国憲法の「前文」を見ると、「日本国民は、正当に選挙された国会における代表者を通じて行動し」と言う「間接民主主義」が冒頭に謳われ、さらに「国政は、国民の厳粛な信託によるものであって、その権威は国民に由来し、その権力は国民の代表者がこれを行使し、その福利は国民がこれを享受する」と言う「国民主権主義」を規定し、次いで「日本国民は恒久の平和を念願し」と言う「平和主義」が宣言され、また、「われらは、いづれの国家も、自国のことのみに専念して他国を無視してはならないのであって」と言う「国際協調主義」が謳われています。

ところが、憲法改正には限界があるとする立場から見て最も重要と思われるものの一つである「基本的人権」については、この「前文」においては唯の一言半句も見当たらないのであります。これは実に奇異なことであります。そうしておいて、第三章「国民の権利及び義務」の章を見ると、次のように、第十一条、第十二条及び第十三条がこの「基本的人権」の一般的抽象的叙述を展開しているのです。

第十一条　国民は、すべての基本的人権の享有を妨げられない。この憲法が国民に保障する基本的人権は、侵すことのできない永久の権利として、現在及び将来の国民に与へられる。

第十二条　この憲法が国民に保障する自由及び権利は、国民の不断の努力によって、これを保持しなければならない。又、国民は、これを濫用してはならないのであって、常に公共の福祉のためにこれを利用する責任を負ふ。

第十三条　すべて国民は、個人として尊重される。生命、自由及び幸福追求に対する国民の権利については、公共の福祉に反しない限り、立法その他の国政の上で、最大の尊重を必要とする。

この第三章は、第十条から第四十条までの全体で三十一箇条あるのですが、このうちの第十一条、第十二条及び第十三条は、その他の条文が、「基本的人権」の具体的内容であるのに対して、前述のように極めて抽象的、一般的な表現に終始しており、言うならば第三章の「基本的人権」規定の「総論」規定として考えることができるのです。あるいは、それよりも、むしろ、その表現からして憲法「前文」の表現と平仄が合うように思われます。つまり、「前文」では、学説によれば「憲法改正の限界にある」とも考えられるような重要な憲法の原理、原則である「基本的人権」が全く存在しない反面、

第三章では「基本的人権」の総論的規定が第十一条、第十二条及び第十三条の三箇条にわたってくどくどと規定されているわけであります。従ってこれは、本来、憲法前文に置かれるべきところを位置を間違えたのか、とにかくこれらの規定は、憲法改正の限界にあるものか否かは別として、憲法前文に規定しなければならないものであると思われます。

2

第三十七の欠陥

憲法第三章の各条文は、主語のないもの、主語が「すべて国民は」、「国民は」又は「何人も」といろいろあるが、この違いに意味があるのか

この憲法第三章は「国民の権利及び義務」と言う「章名」となっていますが、要するに「基本的人権」を規定した「章」であります。そして、この基本的人権は日本国民ばかりではなく「日本国の国籍を有しない者」つまり、外国人にも保障されているのかと言うことが問題となりました。そのときのある学説は、第三章の規定中「国民は」とか「すべての国民は」という主語が用いられている「基本的人権」規定は日本国民にだけ保障されるものであり、外国人には保障されないが、「何人も」という表現のある「基本的人権」規定は外国人にも適用されるものである、と解しています。

しかし、この説によりますと、例えば、第二十二条第二項は「何人も、外国に移住し、又は国籍を離脱する自由を侵されない。」と定めているものですから、この規定は、外国人にも適用される、と言うことになります。そうしますと、例えば、X国人がX国以外の国に移住する自由を日本国憲法が保障することになりますし、また、Y国人がY国の国籍を離脱する自由を日本国憲法（第二十二条第二項）が保障するという極めておかしなことになります。勿論このようなことは認められませんから、従ってこの学説は採り得ません。なお、この基本的人権の保障が外国人にも及ぶのか否かについては、最高裁判所は「権利の性質上日本国民のみをその対象としていると解されるものを除き、わが国に在

留する外国人に対しても等しく及ぶものと解すべき」であると判決しています。

それはさておきまして、第三章の規定は、前述のような場合の他に、何等の「主語」のない条文規定もあります。結局これは、文章の「語呂」がよいか、ある種の「韻律」を踏んでいるか、によって無主語の文章が出来あがっているもののように思われます。また、「国民は」、「すべて国民は」とか「何人も」と言う表現も、立法者はそれ程意識的に使い分けて規定したものとは到底思われません。

私は、この第三章の各条文は「国民の権利及び義務」と言う「章名」にあるように専ら「日本国民」について「基本的人権」を保障する規定であると思います。そして、条文の表現の中には「何人も」というものが数多く見うけられますが（注）、それらは本来、「日本国民は、何人も」と規定すべきものであったと考えることができるのではないでしょうか。もっとも、それでは「日本国民は、何人も」と規定した場合の、その「基本的人権」は「外国人」には保障されないのかと言えば、それは前述の最高裁判所判決のように、その基本的人権の性質、内容から判断すべきであり、外国人にも保障の及ぶ「基本的人権」は当然有り得るわけであります。

いずれにしましても、憲法第三章の各規定は、無主語か又は主語があっても、それが無原則に使われているという欠陥は否定できません。

（注）「何人も」という主語が用いられている条文は、第十六条から第十八条、第二十条、第二十二条、第三十一条から第三十五条、第三十八条から第四十条であります。

3　第三十八の欠陥

天皇の国事行為に内閣の「助言と承認」を必要としているが、これは「助言又は承認」とすべきではないか（第三条、第七条）

本条の「助言と承認」の意味については、宮沢俊義教授が以下のような三説を紹介し、かつ、批評しています（宮沢俊義著・芦部信喜補訂『全訂日本国憲法』六十六頁から七十一頁）。少々長くなりますが、宮沢教授の論述を引用します。

甲説　内閣の「助言」とは、内閣が天皇に対して一定の行為（不作為を含む）をなすべきことを申し出ることをいい、内閣の「承認」とは、天皇から内閣に対して一定の行為をなすべきことを提案した場合に、内閣がこれに対して同意を与えることをいう。前の場合は、内閣からの申し出に対して、天皇は、拘束され、その申し出どおりに行動すべく義務づけられる。後の場合も、天皇の提案に対して内閣の承認があれば、その後においては、内閣の助言があった場合と同じく、天皇は、内閣の意志どおりに行動すべく義務づけられる（天皇の提案に対して、内閣が承認を与えない場合は、その提案が消滅することは、いうまでもない）。この説によれば、天皇の国事行為に「内閣の助言と承認」が必要だというのは、内閣の助言または内閣の承認が必要だという意味である。「承認」の場合も、たとえ最初の申し出が天皇からなされても、それに承認を与えるかどうかは内閣の任意であり、もし内閣が承認を与えれば、天皇はその内閣の意志に拘束され、その意志どおりに行動する義務を負うから、この場合も、天皇は結局は内閣の助言によって行動するということができる。従って、「助言と承認」と一応区別しているが、実際には、いずれも「助言」に帰着することになる。

乙説「助言」と「承認」とは、内閣の、二つの性質を異にする行為である。天皇の国事行為について内閣の助言と承認を必要とするとは、甲説のいうように、内閣の助言又は承認を必要とするというのではなくて、助言と承認という二つの行為を必要とする意である。例えば、栄典の授与という天皇の行為について考えるに、まず、内閣が天皇はだれそれに文化勲章を授与すべきものと決定し、これを天皇に申し出る。これが内閣の「助言」である。これに対して、天皇は応ずる（天皇は、応ずべき拘束をうける）。その後において、その天皇の応諾の意志に対して、内閣でこれをみとめる。これが内閣の「承認」である。つまり、助言は内閣の事前の同意であり、承認はその事後の同意である。すべての天皇の国事行為については、かならずかような内閣の助言があり、これに対して天皇が応諾した後に、さらに内閣の承認があることが憲法の要求するところであり、そのいずれを欠いても、天皇のその行為は無効となる。

一九五三年（昭和二十八年）十月十九日の東京地方裁判所の判決は、この説をとり、その前年八月になされた衆議院の解散につき、内閣の「承認」はあったが、「助言」がなかったという理由で、その解散を無効とした（東京地判昭和二八・一〇・一九行裁例集四巻二五四〇頁）。東京高等裁判所は、その事件の控訴審として、この点についてはやはりこの説を採用した。ただし、そこに「助言」も存在したものとみとめて、解散は有効と判示した（東京高判昭和二九・九・二二行裁例集五巻九号二一八一頁)。最高裁は、解散は統治行為である、との理由によって、その合憲性の審査は裁判所の権限の外にあるとし、この解散は、「内閣の助言と承認により適法に行われた」とする政府の見解を否定できない、とした(最判昭和三五・六・八民集一四巻七号一二〇六頁)。……

丙説　内閣の助言と承認とは、天皇の国事に関する行為を、実質的にかつ最終的に決定する内閣の行為をいう。「助言」と「承認」との二つの行為と見るべきではなく、「助言と承認」という一つの行為と見るべきである。天皇の国事行為に内閣の助言と承認が必要だとは、天皇のそれらの行為は、ひとえに内閣の決定するところであり、天皇のなし得るところは、そこで決定された行為に対して、天皇の行為という外観ないし体裁を与えることだけであることを意味する。

以上の三説のうち、乙説は、憲法の規定の文字には、一応合っているように見えるが、そもそも憲法が「内閣の助言と承認」というものをみとめた趣旨からいって、とうてい賛成できない。そのいわゆる内閣の「助言」がひとたびなされれば、天皇はそれに全面的に拘束されるのであるから、内閣の「助言」どおりに天皇は応諾するにきまっている。それをかさねて内閣として審議して承認することは、まったく無意味である。憲法がそういう無意味な手続を要求すると解し、それを欠くからといって、天皇の行為を無効とするのは、良識に反する。

助言のときと、承認のときとのあいだで、内閣の意見が変ることがあり得る。この場合は、かように事前の助言と事後の承認とを区別し、その双方を要求することに意味がある。こういう主張がなされるが、やはり賛成できない。内閣は最終的な決定権をもつのであるから、天皇に助言し、その応諾を得た後に、内閣の意見が変わる場合は、天皇の行為がまだなされていない場合には、いつでもそれをなすことをとりやめることを、もしまた天皇の行為が既になされた後の場合には、その行為を廃止ないし変更することを自由に決定できる。これらの場合のために、この意味の助言と承認との二つを要求する必要は少しもない。

右に引かれた東京地方裁判所の判決（昭和二八・一〇・一九）は、乙説をとり、一九五二（昭和二七年）八月の解散については、内閣の助言があったとみとめられないから、それについての「内閣の承認の有無について判断するまでもなく」憲法第七条に違反し、無効だ、と判示したのであるが、天皇の応諾の前になされるべき内閣の助言の瑕疵だけを理由とし、その後になされた内閣の承認の有無を問題とすることなしに、解散を違法と判断したのは、不当だと思う。この事件において、内閣が衆議院を解散する意志を決定したことはきわめて明白である。その意志決定がかりに事前の「助言」という形でなされなかったとしても、事後において、論者のいわゆる「承認」という形でなされたこと、すなわち、解散の当日午前に閣議を開いて解散をきめたことについては、一点の疑いもない。そして、天皇の行為がその内閣の意志決定の儀礼的・名目的な表明以外のなにものでもないこともまた、明白である。とすれば、憲法の要求はこれで十分にみたされていると見るべきであって、かように天皇の行為が内閣の実質的意志の形式的表明以外のなにものでもないことが明確であるのに、天皇の行為の事前に内閣の意志決定がなかったというだけの理由で、その行為を無効にするのは、そもそも天皇の国事行為について内閣の助言と承認を必要とすることにした制度の根本精神に対する無理解を示すものであろう。

実際においても、日本国憲法が成立してから、天皇の国事行為について、乙説の要求するような事前の助言と事後の承認という二つの内閣の行為がなされたことは、ほとんどないとおもう。とすれば、乙説によるかぎり、従来の天皇の国事行為はほとんど全部無効だということになろう。

原則としては、「助言」と「承認」との二つの行為を必要とするが、「助言」がそのまま天皇によって応諾された場合は、さきの「助言」のうちに「承認」も予め含まれていたものと見ることができる、として、右のような実際のやり方を弁明することもなされるが、そうしたむりな弁明は、たまたま乙説の根拠が十分でないことを証明する以外のなにものでもない。

甲説は、説明の表面では一応丙説とちがうが、そのいわゆる「承認」も結局は「助言」にほかならないのであるから、実質においては、丙説とちがわないと見てよかろう。

日本国憲法が成立した当時は甲説のような説明が政府によってなされたこともあったが、その後の実際の運用は、丙説によっている。例えば、日本国憲法のもとではじめて衆議院が解散されたときの詔書（一九四八年〔昭和二十三年〕十二月二十三日）は、

「衆議院において内閣不信任の決議案を可決した。よって、内閣の助言と承認により、日本国憲法第六十九条及び第七条により衆議院を解散する。」

という文句になっている。このときは、解散のための内閣の行為としては、乙説のいう「助言」に当たるものだけしか行われておらず、乙説にいう「承認」は行われていない。従って、乙説によれば、この解散も無効ということになろうが、政府は、内閣が衆議院を解散することを決定してそれを天皇に申し出た行為だけで、本条にいう内閣の助言と承認が行われたといえると解しており、これが、すくなくとも実際上は、確立された習律になっている。

天皇の国事行為につき内閣の助言と承認を必要とした本条の精神から見て、丙説を妥当とすべきだろう。

以上、長々と宮沢教授の論述を紹介しましたが、教授の丙説を妥当とするという結論はその論述からして非常な説得力を持っていると思います。しかし、憲法第三条の「内閣の助言と承認を必要とし、」及び第七条の「内閣の助言と承認により、」とあるものを丙説のように、「助言」と「承認」との二つの行為と見るべきではなく、「助言と承認」という一つの行為と見るべきである、と解釈することは、確かにこれらの条文の趣旨から見て妥当ではありますが、それは解釈というよりも、むしろ、かくあるべきと言う制度のあるべき姿を論じているのではないでしょうか。

そして、問題は、これらの条文がそのあるべき姿を的確に表現できていないと言うことであると思われます。従って、丙説は、どうも条文の「文字」の表現するところ（意味）を逸脱した便宜的、御都合主義的な解釈ではないでしょうか。やはり、条文の文言に忠実に解釈するならば乙説とならざるを得ない（その解釈の結果の妥当性は別として）のではないでしょうか。そして、宮沢教授は、乙説を批判して、前述のように「そのいわゆる内閣の「助言」がひとたびなされれば、天皇はそれに全面的に拘束されるのであるから、内閣の「助言」どおりに天皇は応諾するにきまっている。それをかさねて内閣として審議して承認することは、まったく無意味である。憲法がそういう無意味な手続を要求すると解し、それを欠くからといって、天皇の行為を無効とするのは、良識に反する。……もしまた天皇の行為が既になされた後の場合には、その行為の廃止ないし変更することを自由に決定できる。

これらの場合のために、この意味の助言と承認との二つを要求する必要は少しもない。」と喝破しております。

元々、この第三条及び第七条の「内閣の助言と承認」という規定は「司令部草案」（マッカーサー草案）の「国事ニ関スル皇帝ノ一切ノ行為ニハ内閣ノ輔弼及協賛ヲ要ス而シテ内閣ハ之カ責任ヲ負フヘシ」（第三条第一項）、及び「皇帝ハ内閣ノ輔弼及協賛ニ依リテノミ行動シ人民ニ代リテ国家ノ左ノ機能ヲ行フヘシ……」（第六条）とあり、これらの規定中の「輔弼及協賛」が現代語の「助言と承認」に置き換わったわけです。それよりもこの中で注目すべきことは「天皇」を「皇帝」と訳されていることであります。原文では「ジ・エンペラー」であります。

さて問題なのは、この司令部草案の起草者達の日本天皇観であります。われわれ日本人の天皇観ないしは日本歴史における天皇はこのマッカーサー草案の起草者のものとは大いに異なるものであります。その点は宮沢教授と同じであって、「そのいわゆる内閣の「助言」がひとたびなされれば、天皇はそれに全面的に拘束されるのであるから、内閣の『助言』どおりに天皇は応諾するにきまっている。」という論述は容易に理解できるのであります。なぜならば、日本史における天皇が、西欧人には歴史上なじみのある古代ローマ帝国、東及び西ローマ帝国、神聖ローマ帝国の皇帝、あるいは時代が下って、絶対主義時代のヨーロッパの諸国王、さらには中国歴代王朝の諸皇帝のようなとてつもない絶対的権力者、独裁者であったためしがないのであります。

しかし、前述のように西欧人ないしはアメカリ人の「皇帝観」が、それはとりもなおさず「日本天皇観」になっているのであって、そこには、皇帝は歴史的に見て、元々絶対者であり万能の権力者なわけであります。その絶対者の権力を制約すると言う場合には、その制約機関である「内閣」と言う国家機関にはそれ相当の抑制機能をもたせなければならないと考えるのが相当なのではないでしょうか。従って「助言と承認」とは乙説のように二つの性質を異にする行為と解することのほうが適切であると思われます。つまり、内閣は皇帝（天皇）に対して「助言」をしただけでは足らないのであって（元より皇帝は歴史的に見て絶対者なのでありますから、そのように見られるのですから、その助言どおりに行動するという保障はないと考えるのが自然であり）、従って、その助言どおり行動するように常に監視しなければならないし、このため、助言どおり行動しなければ内閣はその皇帝の行為を「承認」しない、としなければならないわけなのでしょう。

ところが、日本の天皇制は、ヨーロッパないしは中国の皇帝とは全く違います。マッカーサー草案の起草者にはこの点の理解が十分ではなかったのです。従って、憲法第三条、第七条の「助言と承認」については、解釈としては乙説が正しいことになりますが、その結果は宮沢教授の説くように好ましいものではないわけであり、このため、立法論としては憲法第三条及び第七条の「助言と承認」とある箇所は「助言又は承認」と改正すべきなのであります。

4 第三十九の欠陥

摂政は「国事に関する行為」を委任することができないわけだが（憲法第五条は第四条第二項を準用していない）、これは不合理ではないか

憲法第五条は摂政について「皇室典範の定めるところにより摂政を置くときは、摂政は、天皇の名でその国事に関する行為を行ふ。この場合には、前条第一項の規定を準用する。」と定めています。さて、この規定もよく見ると不備なところがあります。「摂政」は天皇の「国事行為」を行う権限を持つことを定めていることは分かるのですが、その「国事行為」とは、憲法第三条、第四条、第六条及び第七条に定められています。問題は第五条で「この場合には、前条第一項の規定を準用する。」と定めている箇所です。ここで、「前条第一項」の準用とは、第四条第一項の「天皇は、国事行為のみを行い「国政に関する権能」を有しない」と言う点を「摂政」に準用することを意味することになりますが、そうであるならばそれは、第五条で「……摂政は、天皇の名でその国事に関する行為を行ふ」と定めているのですから、それ以外の「国政に関する行為」（これは委任者である天皇の権限ではないのですから、受任者である摂政に認められることはありません）ができるはずはありません。

そうなると、第五条の「この場合には」以下は無用な規定です。無用ではありますが、この点をひとまず措くことにして、「この場合には、前条第一項の規定を準用する。」とあるので、その反対解釈として、前条第二項は準用しない、と言うことになりますが、これが不合理なわけであります。なぜ

ならば、天皇は「国事行為」を委任することができるのですが、その「委任することができる」との規定を準用しないのですから、そうなると天皇に「国事行為の臨時代行に関する法律（昭和三十九年法律第八十三号）」第二条第一項に規定するような「精神若しくは身体の疾患又は事故があるとき」という事態が生じたときには、天皇は「国事行為」を皇室典範第十七条に規定する「摂政となる順位に当る皇族に委任」することができる（この委任を受けた者が「国事行為の臨時代行者」であります）のですが、これに対して、「摂政」に「精神若しくは身体の疾患又は事故があるとき」には、「摂政」はその「国事行為」を他に委任することはできないということになるからであり、これはどうも不合理ではないでしょうか（注）。

以上により、第五条の「この場合には」以下の中途半端な準用を規定している部分は削除すべきです。

（注）皇室典範第十八条は「摂政又は摂政となる順位にあたる者に精神若しくは身体の重患があり、又は重大な事故があるときは、皇室会議の議により、前条に定める順序に従って、摂政又は摂政となる順序を変えることができる。」とありますが、このような「精神若しくは身体の重患があり、又は重大な事故があるとき」のような程度ではない「精神若しくは身体の疾患又は事故があるとき」（国事行為の臨時代行に関する法律第二条第一項）には、天皇は国事行為を委任できるとするのですが、摂政にそのような「精神若しくは身体の疾患又は事故があるとき」には摂政を変えるか又は摂政となる順序を変える事由には当たらないし、摂政についての委任による臨時代行も認められません。結局、これは憲法第五条が、憲法第四条第一項の規定の

みを準用し、同条第二項を準用する旨を規定していないからこのような不都合が生ずるのであります。

5 第四十の欠陥

請願事項には「憲法改正」も明記すべき（第十六条）

憲法第十六条は「請願権」について、「何人も、損害の救済、公務員の罷免、法律、命令又は規則の制定、廃止又は改正その他の事項に関し、平穏に請願する権利を有し、何人も、かかる請願をしたためにいかなる差別待遇も受けない。」と定めています。この「請願権」については、大日本帝国憲法も第三十条で「日本臣民ハ相当ノ敬礼ヲ守リ別ニ定ムル所ノ規程ニ従ヒ請願ヲ為スコトヲ得」と定めておりました。

現行憲法の「請願」について、宮沢俊義教授は「この制度は、政治上の言論の自由が確立されなかった時代には、民情を為政者に知らせるための重要な手段たる役割を演じ、その結果、どの権利宣言にも、多くの自由権とならんで、規定されているが、その後、政治上の言論の自由が確立されるとともに、しだいにその重要性を失ってきたといわれている。」と説いております（宮沢俊義著・芦部信喜補訂『全訂日本国憲法』二百二十八頁）。

ここで「その重要性を失ってきた」とありますが、それでは「請願」の実態について各議院の請願受理件数を最近の「国会の会期」毎に挙げて見ますと、第百五十三回国会（会期は、平成十三年九月二十七日から同年十二月七日まで）には、衆議院で千七百三十六件、参議院で千三百二十八件、第百五十四回国会（会期は、平成十四年一月二十一日から同年七月三十一日まで）には、衆議院で七千二百三十八件、参議院で四千八百二十件、第百五十五回国会（会期は、平成十四年十月十八日から同年十二月十三日まで）には、衆議院で千五百八件、参議院で千三百七十九件となっております。第百五十四回国会での請願受理件数が衆議院及び参議院とも格段に多いのはこの国会が「通常国会」であるためで、他は「臨時国会」であることからの相異であります。

それでは請願の内容を表すところの「件名」ですが、少し前の、第百四十七回国会の会期中の平成十二年六月二日の「衆議院公報」によりますと、例えば、①戦争被害等に関する真相究明調査会設置法の早期制定に関する請願、②非核三原則の法制定に関する請願、③慰安婦問題の戦後責任を果たすための立法措置に関する請願、④恩給法第八十条改正に関する請願、⑤地方分権の推進に伴う地方税財源の充実強化に関する請願、⑥民法改正における選択的夫婦別氏制度導入に関する請願、⑦犯罪捜査のための通信傍受法の廃止に関する請願、⑧子供の視点からの少年法議論に関する請願、⑨治安維持法の犠牲者に対する国家賠償のための法制定に関する請願、⑩核兵器廃絶条約の締結に関する請願、⑪子供の商業的性的搾取に反対する第二回世界会議の日本開催の実現に関する請願、⑫消費税率を三％に戻すことに関する請願、⑬年金生活者に対する課税最低限度額引き上げに関する請願、⑭納税者権利憲章の制定に関する請願、⑮私学助成の拡充と三十人学級の実現に関する請願、⑯行き届いた教育の充実に関する請願、⑰教職員をふやすなど行き届いた教育に関する請願、⑱学校教育としての食教育の導入に関する請願、⑲介護保険制度の緊急改善・拡充に関する請願、等等があります（千件を超える請願も同趣旨の内容のものが多いためそれらを整理するとこのくらいに分類されるのです）。

さて、ここで問題は、現行憲法は明治憲法と異なり、請願事項について具体的な規定をしていることであります。さらに請願事項は具体的に規定した事項に限られないように「……その他の事項に関し」となっております。ということは「損害の救済、公務員の罷免、法律、命令又は規則の制定、廃止または改正」という請願事項は、これらの事項に限定する趣旨ではなく、これらの具体的請願事項は単なる例示に過ぎないと言うことになります。この例示と言うことになりますと、例示される事柄は一般的には重要なものを掲げるものなのですが、まして憲法第十六条では「法律、命令又は規則の制定、廃止又は改正」とあるのですから、そうであるならばもっと重要であるはずの「憲法の改正」を例示として掲げなかったのはどういうことなのでしょうか。これは「憲法改正の請願」を認めない趣旨なのでしょうか。

この点について、宮沢俊義教授は「明治憲法時代には憲法（および皇室典範）の改正ならびに裁判に関する請願は禁止されたが、本条は、別に請願事項を制限していないから、法律でそれを制限することは許されない。」と説いています（前掲著書二百二十八頁）。まさに宮沢教授の説く通りであり、従って「憲法改正」は憲法第十六条の「その他の事項」に含まれると一般的には解されるわけでしょうが、解釈としてはそれでもよいでしょうが、前述のように「憲法改正」のような重要事項が例示として具体的に規定されないで「その他の事項」に押し込めてしまうことはやはり適切な立法とは言えないと思います。

6 第四十一の欠陥

基本的人権の総論的規定（第十二条、第十三条）中に「公共の福祉」という表現があり、各論的規定である、第二十二条第一項と第二十九条第二項中にも「公共の福祉」という表現があるが、この両者はどう違うのか

日本国憲法第三章は「国民の権利及び義務」と言う「章名」で第十条から第四十条に渡っていわゆる「基本的人権」について定めています。この中で第十一条から第十三条にかけての三箇条はこの基本的人権についての言わば「総論的規定」であり、第十四条以下が「各論的規定」の性格を持っています。これらの規定中「公共の福祉」の表現が見られるのは以下のものです。

① 第十二条　この憲法が国民に保障する自由及び権利は、国民の不断の努力によって、これを保持しなければならない。又、国民は、これを濫用してはならないのであって、常に公共の福祉のためにこれを利用する責任を負ふ。

② 第十三条　すべての国民は、個人として尊重される。生命、自由及び幸福追求に対する国民の権利については、公共の福祉に反しない限り、立法その他の国政の上で、最大の尊重を必要とする。

③ 第二十二条第一項　何人も、公共の福祉に反しない限り、居住、移転及び職業選択の自由を有する。

④ 第二十九条第二項　財産権の内容は、公共の福祉に適合するやうに、法律でこれを定める。

以上の四箇条の規定のうちの、①及び②はそれらの条文の規定内容から「自由及び権利」つまりは「基本的人権」の総論的条項であり、「自由及び権利」は、濫用するな、常に公共の福祉のために利用する責務があり、国民の基本的人権は、公共の福祉に反しない限り「立法その他国政の上で最大の尊重を必要とする」とあります。そうなるとこの二箇条の総論的規定は以下の基本的人権規定のすべてに係るわけですから、第十四条以下の規定にはすべて「公共の福祉」が関わってくると考えられます。ところが、③及び④についてだけは、その他の具体的人権規定には見られない「公共の福祉」が明記されています。そうなるとこれは無用な重複ではないでしょうか。もし無用な重複ではないと言うならば、③及び④で言う「公共の福祉」とは、①及び②で言う「公共の福祉」とは別の意味内容を持つものであると言うことになります。

しかしそうなると、今度は、同じ憲法（法規範）の中で同一用語が異なる意味内容を持つという不合理を来すこととなります。このようなことを踏まえて、これらの関係について以下のような諸説が主張されているので、これを紹介します（伊藤真著『試験対策講座5　憲法』第二版九十七頁による）。

A説は、憲法十二条、十三条の「公共の福祉」は、人権制約の一般原理であり、二十二条、二十九条の「公共の福祉」は、特別の意味なし、とする。B説は、十二条、十三条の「公共の福祉」は、訓示的・倫理的な規定、二十二条、二十九条の「公共の福祉」は、人権制約の根拠規定、とする。C説は、十二条・十三条及び二十二条・二十九条の「公共の福祉」は注意的な意味をもつにすぎない、とする。D説は、十二条・十三条の「公共の福祉」は基本的人権の一般的な制約根拠、二十二条・二十九条の「公共の福祉」は政策的制約原理が妥当する機会が多いことからとくに再言したもの、とする。

E説は、十二条・十三条の「公共の福祉」は内在的制約、二十二条・二十九条の「公共の福祉」は政策的制約、とする。

以上のように様々に解釈が分かれることは、元々この「公共の福祉」と言う概念が多義性を有することに加えて、その用い方に注意を払わず、ただ漫然とした用法に終始したことに問題を残したように思われます。

7 第四十二の欠陥

裁判の審理の絶対公開が要求される「この憲法第三章で保障する国民の権利が問題となってゐる事件」とはどういう意味なのか（第八十二条第二項）

憲法第八十二条第二項は（第一項が裁判の公開を規定しているのに対して）、「裁判所が、裁判官の全員一致で、公の秩序又は善良の風俗を害する虞があると決した場合には、対審は、公開しないでこれを行ふことができる。但し、政治犯罪、出版に関する犯罪又はこの憲法第三章で保障する国民の権利が問題となってゐる事件の対審は、常にこれを公開しなければならない。」と定めています。つまり、但し書の事件については裁判の対審は常に公開でなければならない、というものであります。

ここで、先ず問題なのは、但し書の部分です。「政治犯罪、出版に関する犯罪又はこの憲法第三章で保障する国民の権利が問題となってゐる事件の対審は、常にこれを公開しなければならない。」と規定していますが、なぜ、このように「又は」と言う接続詞が来るのでしょうか。ここは明らかに「及び」という接続詞でなければならないと思います。なぜならば、この但し書は、簡単に表現するならば、「A事件、B事件」又は「C事件」となるわけですが、常にその対審を公開でやらねばならないものを、このように「A、B」又は「C」というように「選択的」に規定する合理的理由がないからでありますす。やはりここは、「A事件、B事件」及び「C事件」というように並列的でなければならないと思います。従って、ここは「但し、政治犯罪、出版に関する犯罪及びこの憲法第三章で保障する国民の権利が問題となってゐる事件の対審は、常にこれを公開しなければならない。」と表現すべきでしょう。
なお、念のためこの第八十二条の規定の基となったマッカーサー草案の相当する箇所を見てみると、同草案第七十五条がそれであり、次のように定めてありました。

第七十五条　裁判ハ公開廷ニ於テ行ヒ判決ハ公然言ヒ渡スヘシ然レトモ裁判所カ公開ヲ公ノ秩序又ハ善良ノ風俗ニ害有リト全員一致ヲ以テ決スルトキハ非公開ニテ裁判ヲ行フコトヲ得但シ政治的犯罪、定期刊行物ノ犯罪及此ノ憲法第三章ノ確保スル人民ノ権利カ問題ト為レル場合ニ於ケル裁判ハ例外ナク公開セラルヘシ

この但し書の部分に注目するならば、「政治的犯罪、定期刊行物ノ犯罪及此ノ憲法第三章ノ確保スル人民ノ権利カ問題ト為レル場合」とあるように、「及」、つまり「及び」という接続詞が用いられています。これがこの「但し書」の正しい条文表現なのであり、現行憲法第八十二条第二項は、このマッカーサー草案第七十五条の条文を引き写す際に誤って「及び」を「又は」と表現してしまったものと考えられます。

次に問題はこの常に対審を公開でやらなければならないとされるもののうち「この憲法第三章で保障する国民の権利が問題となってゐる事件」とは何を指すのかであります。これは、見方によっては「政治犯罪、出版に関する犯罪」も、「この憲法第三章で保障する国民の権利が問題となってゐる事件」ということになりはしないか。そうなると、但し書はただ単に「この憲法第三章で保障する国民の権

利が問題となってゐる事件」と規定すればよいのであって、「政治犯罪、出版に関する犯罪」と規定することは重複することになりますから、規定する必要はないことになります。従って、「この憲法第三章で規定する国民の権利が問題となってゐる事件」とはもっと別の意味がなければならないと言うことになります。

この点については、宮沢俊義教授が「憲法第三章は、国民の有する基本的人権が立法・行政その他の国家作用によって侵害されないために、それを宣言・保障したものである。したがつて、本条にいう「第三章で保障する国民の権利が問題となってゐる事件」とは、そこで保障されている国民の基本的人権に対して、法律で制限が課され、その制限に違反したことが犯罪の構成要件とされている事件をいうと解すべきである。そこでは、そういう罪を定めた法律が憲法に違反していないかどうか、それが憲法に違反していないとして、犯人の行為がはたしてその法律の定める制限ないし禁止に違反するものであるかどうか、が争われるのであるから、そこで第三章で保障する権利が不当に侵されることがないように、その事件の対審を絶対に公開しようというのである。」と説かれ、例えば、刑法の「名誉毀損罪」は、憲法第二十一条の「言論の自由」に対する制限と考えられるから「第三章で保障する国民の権利が問題となっている事件」に含まれると説いています。

また、弁護士でない者が法律事務を業とすることを禁止している弁護士法第七十二条に違反するとされた事件や、医者でない者が医業をなすことを禁止している医師法第十七条に違反するとされた事件は、憲法第二十二条の「職業選択の自由」に対する制限を弁護士法や医師法のこれらの条文が規定しており、それに違反したことを裁判する事件と考えられるから、やはり「第三章で保障する国民の権利が問題となってゐる事件」に含まれることであると説かれます。宮沢教授はさらに続けて、「これに反して、憲法第三章の保障する国民の権利を確保するための法律に違反する犯罪は、ここにいう「憲法第三章で保障する国民の権利が問題になっている事件」には含まれない。例えば、財産権の不可侵を守るための窃盗罪（刑法二百三十五条以下）はもちろん、信書の秘密を守るための信書の秘密を侵す罪（郵便法八十条、刑法百三十三条）、身体の自由を守るための公務員による暴行陵虐の罪（刑法百九十五条）、投票の秘密を守るための投票の秘密を侵す罪（公職法二百二十七条）などは、それに含まれないと解すべきである」と説いています（宮沢俊義著・芦部信喜補訂『全訂日本国憲法』七百二頁、七百三頁）。

以上の宮沢説はまことに説得力があり、全くその通りだと思いますが、「この憲法第三章で保障する国民の権利が問題となってゐる事件」という憲法条文の表現からは、これが宮沢教授の説くような意味であると理解できる国民が一体どれだけいるのでしょうか。

それはともかくとして、第八十二条第二項の但し書について、宮沢教授の考え方に従って再考しますと、「政治犯罪」とは、この憲法第三章で保障する国民の権利、特に政治的自由、もっと具体的に言えば「思想良心の自由」（第十九条）や、「集会、結社及び言論出版その他一切の表現の自由」（第二十一条第一項）を規制することをその犯罪の構成要件としている法律に違反する事件と考えられるのではないでしょうか。また、「出版に関する犯罪」とは、まさに出版の自由を規制することがその犯罪の構成要件である法律に違反する事件であると考えることができます。このように考えられるのならば、ここで「政治犯罪、出版に関する犯罪」とは、「この憲法第三章で保障する国民の権利が問題となってゐる事件」の具体的な例示であると解することができると思われます。そうなりますと、憲法第八十二条第二項但し書は、「但し、政治犯罪、出版に関する犯罪その他の憲法第三章で保障する国民の権利が問題となってゐる事件の対審は、常にこれを公開しなければならない。」と表現すべきなのではないでしょうか。

これまでも再三述べてきましたように、憲法は国家の最高法規であるとともに、基本法なのでありますす。それは国民の基本的人権を保障する規定を始めとして、国家の基本的な理念、在り方、統治機構等を定める法規範であり、決して複雑な専門的技術的な事柄を規律の対象とする法規範なのではありません。そうである以上、ごく少数の法律専門家にして始めて理解できるような表現ないしは規定内容の憲法であっては絶対にならないのであります。この点、憲法第八十二条第二項のこの箇所を見るにつけて、一層その感を深くするものであります。

第七章　「どうしてなのか」七つの欠陥

1

第四十三の欠陥

どうして内閣総理大臣に国務大臣罷免権があるのに内閣は連帯責任を負わねばならないのか(第六十六条第三項、第六十八条第二項)

憲法第六十六条第三項は「内閣は、行政権の行使について、国会に対し連帯して責任を負ふ。」と定めています。この点について宮沢俊義著・芦部信喜補訂『全訂日本国憲法』五百九頁以下をおおよそ紹介しますと、「連帯して」とは共同しての意味であり、「責任」とは、専ら「政治的責任」のことであり、内閣は一体として国会に対して責任を負うべきであるということは、内閣の政策に関しての批判に対しては、内閣の構成員(閣員、つまり国務大臣)は一丸となってその弁明に当るべきであり、又その政策の遂行に自信をもっていない場合には、総辞職すべきであると言う趣旨であるとされ、このような意味の内閣の連帯責任の実をあげるためには、閣僚の足並みが、通常の合議体における成員のそれ以上に、特にそろっていることが要請され、内閣の閣議の意志決定方法については、以前から慣習法として、単純な多数決ではなくて、全会一致が必要とされているが、それは専ら、この意味において、各閣僚の足並みをそろえるための実際的必要から生じた結論と考えられる、と説いています。

ところで、明治憲法においては、第五十五条第一項が「国務各大臣ハ天皇ヲ輔弼シ其ノ責ニ任ス」と定めてあったように、内閣を構成する各国務大臣は、「帝国議会」に対してではなく、「天皇」に対して個々に責任を負うのであり、また、内閣は連帯責任ではなかった(国務大臣の単独責任の原則)。

一方、現行憲法は、内閣総理大臣の内閣における地位を格段に強化することによって内閣の一体性を保持しようとしたことから、「内閣総理大臣は、任意に国務大臣を罷免することができる。」（第六十八条第二項）と定めるに至ったわけであります。

この規定の不合理さについては、「第十四の欠陥」の箇所で述べましたが、これは、内閣の一体性を企図することに急な余り、内閣総理大臣の地位を「内閣」と言う合議制の機関の長であることをはるかに超えて、実質上、「大統領的権限」にまで押し上げてしまったといえるのではないでしょうか。とにかく、内閣総理大臣は、「任意に国務大臣」を罷免できる、と言うのでありますから、このことを厳格に考えるならば、これでは「閣議」は本来の意味をなすのでしょうか。これでは、内閣そのものが一種の「諮問機関」的なものになってしまうのではないでしょうか。

そうなりますと、「連帯責任」の意味は、さほどのことはないことになって、「国会に対する責任」は専ら内閣総理大臣が負い、内閣総理大臣が辞職すれば、その「諮問機関」的な内閣を構成する内閣総理大臣以外の国務大臣も当然辞職することとなるわけで、この場合の「辞職」は「連帯責任」から来る辞職では勿論ないことになるわけです。

このことに関しては、既に吉村正教授も「一つの合議体において、その首長たる者が、他の構成員を任命し、罷免することができるような組織において、合議体が合理的に成立するものであろうか。首長と異なる意見を述べたり、首長の気に入らない意見を述べたりする委員を、首長が任意に罷免するなら、真の合議体は成立しないではないか。これでは内閣は合議体ではなくて、単なる総理大臣の諮問機関にすぎないこととならざるをえない。こんなことになるのは、合議体としての内閣の組織に関する規定において、憲法が矛盾を冒しているからである。さらにまた、第六十八条の内閣総理大臣が任意に国務大臣を罷免することができるということは、第六十六条の内閣は行政権の行使について国会に対し連帯して責任を負う、ということと矛盾する。なぜなら、内閣が行政権の行使について連帯して責任を負うには、行政権の行使が、すべて閣議の決定に基づいて行われるべく、そして閣議においては内閣を構成する各国務大臣が互いに平等で、自由に審議し、異なる意見を有するからとて、総理大臣によって罷免されるようなことがなく、さらに行政権の行使について、一、二の閣僚だけが責任をとって辞職を強要されたり、罷免されたりすることがなく、まして、内閣が人心を失ったからとて、総理大臣一人を除いて、他の全閣僚が辞表の提出を求められ、総理大臣一人だけ留任して、他の全閣僚を新たに任命して、内閣を維持するようなことがあってはならないわけである。内閣が行政権の行使について連帯して責任を負うには、閣内において、根本的な政策について、どうしても意見がまとまらず、意見不一致の場合や、また内閣が不評判となって人心を失ったときには、総辞職を断行すべきはずである。一、二の閣僚を辞職せしめたり、または罷免したり、もしくは総理を除く全閣僚の辞職を求めたりして、内閣を改造して維持することでは、内閣の統一は保たれるかもしれないが、決して連帯して責任を負うことにはならないであろう。」（吉村正『現行憲法の矛盾』八十二、八十三頁　永田書房）と論じておられます。

以上の吉村教授の論述は、憲法第六十六条第三項と第六十八条第二項との関係の矛盾を余すことなく的確に、かつ、簡潔に指摘しております。

2 第四十四の欠陥

どうして内閣だけが「法律を誠実に執行する」の（第七十三条第一号）

憲法第七十三条は、内閣の職務を「他の一般行政事務の外」に「左の事務」として七つ定めており、第一号は「法律を誠実に執行し、国務を総理すること。」とあります。ここで問題は、前半の「法律を誠実に執行し、」の部分です。誠実に執行しなければならないのは内閣の事務のうち格別「法律」に限らないでしょうが、この点はひとまず措くとして、前記「第四の欠陥」でも触れましたように、三権分立の国家統治機構の中では、すべての法律が内閣の所管に属するというものではないのです。確かにわが国に存在する法律のうちでは内閣所管の法律が圧倒的多数であることはその通りで、その内閣所管の法律の執行についてでは、内閣はまさに「誠実に執行」することが求められるわけであります。

しかし、同じ国家統治機関である「国会」と「裁判所」にもその所管する法律があるのであって、それらの法律は内閣の所管ではありませんから、内閣は「誠実に執行」しようがありません。

一方、憲法には、国会と裁判所については、その所管する法律（注）について「誠実に執行」すべきとの定めがありません。そうなりますと、内閣の場合とは異なり、国会や裁判所はその所管する法律を「誠実に執行」することは必ずしも要請されてはいないと言うことになるのでしょうか。勿論、そのような解釈は許されないでしょう。

それではなぜこのように内閣についてだけ「法律を誠実に執行し」と定めたのだろうか、と言うことになります。おそらく現行憲法の立法者は、大日本帝国憲法の感覚でもって、天皇という統治権の総攬者の下での内閣がすべての国法を所管していたという制度の記憶が、現行憲法においても内閣がすべての法律を所管するものと錯覚したこと、換言すれば、現行憲法が三権分立の統治機構として構想されたことを全く失念してしまった結果、このような条文の規定内容になったものと思われます。しかし、それにしても「誠実に」などと言う極めて当然のことを法文に表現することは実に特異な立法であると思います。

（注）「第四の欠陥」のところで例示したように、国会所管の法律としては、国会職員法、国立国会図書館法、議院事務局法、議院法制局法、国会における機関の休日に関する法律などがあります。裁判所所管の法律としては、裁判所法、裁判所職員定員法、裁判所職員臨時措置法、裁判官の育児休業に関する法律、裁判官の介護休暇に関する法律などがあります。

3 第四十五の欠陥

どうして裁判官だけが「その良心に従ひ独立してその職権を行」うのか（第七十六条第三項）

憲法第七十六条第三項は「すべて裁判官は、その良心に従ひ独立してその職権を行ひ、この憲法及び法律にのみ拘束される。」と定めています。この条文の意味について宮沢俊義教授は、「その良心に従ひ」とは、「他からの指示に拘束されることなく、自分の自主的な判断にのみ従い職権を行うべきである」ることとし、「この憲法及び法律にのみ拘束される」とは、裁判官は、「憲法及び広い意味の法、つまりは法規範以外のなにものにも拘束されない」ことであり、また、「裁判官が、係争の事件の裁判について、それを規律する法規範のみに拘束されること、ほかの言葉でいえば、他からの具体的な指令にはいっさい拘束されないことを意味する。」と大概説いています（宮沢俊義著・芦部信喜補訂『全訂日本国憲法』六百五頁から六百八頁）。以上、まことに非の打ち所のない名解釈なのでありますが、憲法の本条本項は、解釈ではなくて立法論、立法技術的にみると難点があります。この点については、井手成三氏がその著書『困った憲法・困った解釈』百五十二頁に論述していますので、以下紹介します。

「『良心に従ひ』ということは、公務員中、何も裁判官に限ったことではない。すべての公務員、すなわち、国会議員だろうと、行政部の職員であろうとそうでなければならない。ただ職務内容に関し自主的な判断によるべき点において、上席者の指揮監督に服する一般行政官と異なる性格を有すべきことを現わさんとするにあろうと思われるが、消極的な意味、すなわち、他から干渉を受けないという趣旨の『独立して』という文言で十分であり、『良心に従ひ』などという積極的な表現をすると、勇み足の裁判官の客観的な非常識までも、主観的な良心によって弁護されるという逆効果を来すおそれが多い。」

以上のように、現行憲法批判の先覚者である井手成三氏の立法論的、立法技術的批判は、実に「的確」であり、唯唯同氏の論述を紹介するだけで、これに付け加えることはありません。

4

第四十六の欠陥

どうして裁判官の報酬だけが在任中減額されないのか（第七十九条第六項、第八十条第二項）

憲法第七十九条第六項は「最高裁判所の裁判官は、すべて定期に相当額の報酬を受ける。この報酬は、在任中、これを減額することができない。」とし、また、第八十条第二項は「下級裁判所の裁判官は、すべて定期に相当額の報酬を受ける。この報酬は、在任中、これを減額することができない。」と定めています。ここで「下級裁判所」とは、高等裁判所、地方裁判所、家庭裁判所及び簡易裁判所を指します。従って、日本のすべての裁判官の「報酬」を、その在任中は減額することができないと定めているわけです。とにかくこの「減額することができない」という点は厳格に解する立場からは、裁判官分限法は、裁判官に対する懲戒として一万円以下の過料を規定しているのですが（同法第二条）、このように過料を科すことは、それ自体、裁判官の報酬を減額することとなるから憲法第七十九条第六項又は第八十条第二項に違反すると説くものまであるのです。

ところで、大日本帝国憲法にはこのような規定はなかったのですが、その憲法下での裁判所構成法七十三条は、判事はその意に反して減俸されない旨を定めておりました。そこで、かつて公務員の俸給制度を全面的に改正して、俸給の引き下げを行う場合には、一般公務員と同様に裁判官全体の報酬も引き下げることが可能か否かという問題が起こりました。これは、大日本帝国憲法時代である昭和六年に、第二次若槻内閣は官吏の減俸を行おうとして「減俸令」(勅令)の改正により官吏の俸給を一様に引き下げたのですが、その当時は、裁判官の俸給もこの「減俸令」によっていたので、減俸令改正によって裁判官の俸給も一様に減ることになったわけなのでした。ところが、裁判官に減俸令改正を適用することは裁判所構成法第七十三条が判事はその意に反して減俸されないと規定することに違反するという主張があり、政府はこの主張を容れて、俸給令改正は、裁判官については、それに同意した者についてのみ適用し、これに同意しない裁判官には改正前の「旧俸給令」を適用することにした旨のことを宮沢俊義教授は説明しています(宮沢俊義著・芦部信喜補訂『全訂日本国憲法』六百五十八頁)。

この大日本帝国憲法時代は、裁判官の報酬の減額禁止が「憲法」ではなくて、裁判所構成法という「法律」の次元で規定されていたから問題はさほどのことはなかったのですが、現在は憲法の次元で裁判官の報酬が規定されているのですから、問題はそう簡単なものではありません。現行憲法の裁判官の報酬減額禁止規定は、その淵源をマッカーサー草案に求めることができ、同草案第七十一条第二項及び第七十二条は、判事の報酬について「……任期中減額セラルルコト無カルヘシ」と定めてあり、これは、司法権の独立と裁判官の身分保障を図ったものと解されており、これらが、現行憲法第七十九条第六項及び第八十条第二項となったわけです。現行憲法のこれらの規定の趣旨目的は分かりますが、しかし、それでは現行憲法の三権分立の統治機構のうちの「司法権」及びその権限を行使する「裁判官」にだけこのような「特権」があり、他の二権である「立法権」と「行政権」を担う「国会議員」の「歳費」(憲法第四十九条)や「国務大臣」の「給与」(注①)については「在任中減額禁止」の規

定はないのですが、どうも均衡がとれていない気がします。

さて、このように憲法第七十九条第六項及び第八十条第二項で「最高裁判所裁判官」と「下級裁判所裁判官」の「報酬」につき「在任中、これを減額することができない。」と規定したことから、大日本帝国憲法時代と同様な問題が最近生じました。それは、現在、公務員の「給与」（裁判官の報酬を含めて）については、民間の勤労者の給与との均衡を図るために、毎年、「人事院」が民間給与実態調査を行い、それによって「公務員」の給与の改善を「政府」及び「国会」に勧告しています。これが「人事院勧告」と言われるものであります。これによって、民間の給与が上昇を続けている場合には、その「上昇率」は多かれ少なかれ、公務員給与の上昇・増額に反映されて行くわけですから、問題はありませんが、昨今のように世の中、民間が不景気で民間給与が下降して行く傾向にあるときには、前述の「人事院勧告」はそれを反映して、公務員給与の減額を政府及び国会に勧告せざるを得ないことになります。このことは当然のこととして、裁判官の「報酬」についても「減額」しなければならない事態であると言うことができるのですが、前述のように憲法で裁判官の報酬は「在任中、これを減額することができない。」とあることがどうしても引っかかるのです。

人事院勧告制度は別としても、公務員全体の「給与」を引き下げなければならない事態が起こり得るということは既に旧憲法時代にも経験済みであるにもかかわらず、「司法権の独立」とか「裁判官の身分保障」と言う点のみにとらわれて、安直にマッカーサー草案を引き写した現行憲法第七十九条第六項及び第八十条第二項の規定はいかがなものでしょうか。平成十四年十二月十三日に閉会した第百五十五回国会（臨時会）では、「裁判官の報酬に関する法律の一部を改正する法律」を制定したのです

が、この一部改正においては裁判官の「報酬」を減額しています。そこでこれが前述の憲法の各規定に違反しないというためには、それなりの説明が必要であります。これについては、憲法第七十九条第六項及び第八十条第二項の規定は、裁判官の「報酬」をその任期中に法律をもって減額すること、つまりは、「立法権」による「司法権」ないしは「裁判官」の独立を侵害することがないようにすることをその立法目的としたものなのであるから、公務員全体の「給与」を減額することとの均衡上「裁判官の報酬」をも減額することとなった場合には格別これら憲法の規定の立法目的に反するものではないし、また、「裁判官の報酬」も前述のように「人事院勧告」によって民間の給与の実態と均衡して増加してきたわけである以上は、民間給与の実態が下降傾向にあり、それを反映した「人事院勧告」である以上は、これに従って、減額されることは合理的理由があり、従って、このような事情の下での「減額」は合憲であると考えられているようであります。

しかし、それにしても、このような解釈を展開して初めて「裁判官の報酬の減額」が合憲であるとすることは、憲法第七十九条第六項と第八十条第二項はいかにも工夫のない規定と言わなければなりません。

もっと断定的なことを言うならば、大日本帝国憲法時代においては、もとより三権分立ではありませんで、現在の最高裁判所に相当する「大審院」は司法省（現在の『法務省』）の下にあったにもかかわらず、内閣からの政治的圧力に屈することなく、司法権の独立は比較的良く守られてきたと言う伝統があり、このような点から見ても、現行憲法において司法権の独立、裁判官の独立のためとは言え、第七十九条第六項や第八十条第二項のような規定が必要なのでしょうか（注②）。

（注①）憲法第四十九条は、「両議院の議員は、法律の定めるところにより、国庫から相当額の歳費を受ける。」とあり、ここではわざわざ「国庫から」と断っています。ところが、裁判官の報酬については「国庫から」と言う表現はありません。これが、国務大臣に至っては、「歳費」とか「報酬」と言うことを規定した憲法の条文すら見当たりません。勿論「給与」とか「給料」と言うことを規定した条文もありません。これは国務大臣が、日本国の三権分立の統治機構の中で、行政府である内閣を構成する公務員であること、他の二権との均衡を考えたときにいささか奇異な感じを受けます。

（注②）大日本帝国憲法時代において司法権の独立の問題が起こったのは、大日本帝国憲法が制定されて間もない明治二十四年の大津事件への対処を巡ってでした、この大津事件を扱った吉村昭著作の「ニコライ遭難」（『世界』に一九九二年七月号から翌年の八月号までに連載）では、当時の大審院長児島惟謙と内務大臣西郷従道、司法大臣山田顕義との司法権の独立か国家の存亡かをかけての緊迫したやりとりが鮮明に描かれています。

5　第四十七の欠陥

どうして「法の下の平等」は第十四条と第四十四条で規定する必要があるのか

憲法第十四条第一項は「すべて国民は、法の下に平等であって、人種、信条、性別、社会的身分又は門地により、政治的、経済的又は社会的関係において、差別されない。」と定めています。これが有名な「法の下の平等」規定といわれるものなのですが、さらに憲法は第四十四条でも「両議院の議員及びその選挙人の資格は、法律でこれを定める。但し、人種、信条、性別、社会的身分、門地、教育、財産又は収入によって差別してはならない。」と定めています。既に、第十四条第一項で「法の下の平等」を定めていながら、立法者はそれだけでは不十分だと考えたのでしょうか。そこで、この第四十四条で「国会議員の選挙権及び被選挙権」について、もう一度「法の下の平等」を規定したのでしょうか。あるいは、選挙権と被選挙権は「民主主義」にとって最も重要な事項であるから念には念を入れて、ここでも「法の下の平等」を、言わば「確認的」に規定したと言うのでしょうか。

しかし、そうであるとしても、それならば「選挙」の規定は第九十三条にもあって、その第二項では「地方公共団体の長、その議会の議員及び法律の定めるその他の吏員は、その地方公共団体の住民が直接これを選挙する。」と定めています。ここでは「法の下の平等」は明記されてありません。これは同じ「民主主義」であっても、国政選挙と地方選挙とでは差異があっても良いと言うのでしょうか。

それとも、第十四条第一項で「法の下の平等」を定めているのだから、この規定は第九十三条の地方選挙の場合にも当然適用されるので、そこにあえて「法の下の平等」を明記しなくても良いと言うのかも知れません。しかし、そう言うのであるならば第四十四条但し書の「法の下の平等」の表現も不要となるのではないでしょうか。あるいは、第十四条からは遥かに遠い（第四十四条からも遠い）箇所にある第九十三条に至っては「法の下の平等」規定を設けることを忘れてしまったとでも言うのでしょうか。あるいは、そうではなくて、「選挙」についての「法の下の平等」は第四十四条でまとめて規定しているのだから第九十三条では明記する必要はないと思ったのでしょうか。

ところで、あらためて第十四条第一項を見ますと、差別してはならない具体的事項として「人種、信条、性別、社会的身分又は門地」を挙げています。一方、第四十四条では「人種、信条、性別、社会的身分、門地、教育、財産又は収入」を挙げています。これらの事項が限定的な列挙であると解釈するならば、つまり、これらの事項以外では「平等でなくてもよい」と言うのであるならば第四十四条が第十四条第一項には見られない「教育、財産又は収入」を挙げていることにはそれなりの意味があるとは思われます（おそらくは、かつて旧憲法時代に行われた『財産選挙」や「制限選挙」を否定し、「普通選挙」であることを強調するつもりなのでしょうか）。

ところで、そのように解すると、第十四条第一項は「教育、財産又は収入」が挙げられていませんから、この二つの条文の関係はどうなるのでしょうか。「法の下の平等」を定めている一般的規定である第十四条の掲げる具体的事項の方が「選挙権と被選挙権」に限って規定している第四十四条の「法の下の平等」の具体的事項よりも狭くなるのは不合理なように思います。もっとも、これらの具体的事項は、限定的に列挙したのではなく、また、例示的に列挙したのだとすれば問題はなくなりますし、例示的と解するのが憲法全体の趣旨と考えられます。しかし、それでもこの二つの条文で具体的列挙事項に差異を設けた表現になっているのは不都合であるし、それでは、完全に同じにするならば、今度は無用な重複となるわけです。

6

第四十八の欠陥

どうして検察官だけが最高裁判所規則に従うの（第七十七条第二項）

憲法第七十七条第二項は「検察官は、最高裁判所の定める規則に従はなければならない。」と定めています。この「最高裁判所の定める規則」に関しては、同条第一項に規定する「訴訟に関する手続、弁護士、裁判所の内部規律及び司法事務処理に関する事項」については、最高裁判所が「規則」という国法形式で制定するものであり、このうち、「弁護士、裁判所の内部規律及び司法事務処理に関する事項」についての最高裁判所規則は検察官には直接関係はないかも知れませんが、「訴訟に関する事項を定める最高裁判所規則」は検察官に直接関係があるわけであり、これに検察官が従わなければならないのは当然のことであります。しかし、訴訟に関する事項を定めた最高裁判所規則に従わなければならないのは格別「検察官」だけに限られるわけではないでしょう。これは裁判官はもとよりのこと、民事裁判であれば原告、被告やこれらの当事者の弁護人であり、刑事裁判ならば被告人及びその弁護人であり、その他民事裁判、刑事裁判を問わず訴訟関係人もすべて最高裁判所規則に従わなければならないわけであります。それなのに、憲法第七十七条第二項では、あえて「検察官」だけを取り出して「最高裁判所規則」に従わなければならないことと定めているのは極めて奇異なことに思われます。

そこで例によってこの憲法の元となったマッカーサー草案の相当する箇所を見てみると、同草案第六十九条第二項が「検事ハ裁判所ノ職員ニシテ裁判所ノ規則制定権ニ服スヘシ」と定めてありました。現行憲法下では、「検事」つまり「検察官」は検察庁法（昭和二十二年法律第六十一号）によって規律されているところの国家公務員であり、検察庁（最高検察庁、高等検察庁、地方検察庁及び区検察庁）に所属します。そしてこの検察庁は、組織的には「裁判所」ではなくて、「内閣」、より具体的には「法務省」に所属するものであります。従って、「検事ハ裁判所ノ職員ニシテ」と言うことは絶対にありません。

もしこれが、マッカーサー草案の規定するように裁判所の職員であるとしたら、検事の職務権限の性質上多かれ少なかれ裁判所、裁判官に対しては独立性を有するものでありますから、その点を考慮した上で、あえて「検事ハ……裁判所ノ規則制定権ニ服スヘシ」と定める必要があったのかも知れません。しかし、現行憲法は「検事ハ裁判所ノ職員ニシテ」の箇所は引き写さなかったのですが、どういうわけか「裁判所ノ規則制定権ニ服スヘシ」の箇所は承継したものだから、前述のようにあまり意味の分からないこととなってしまったのであります。

7 第四十九の欠陥

前文では、この憲法に反する「一切の憲法、法令及び詔勅を排除する」とし、第八十一条では、違憲立法審査権の対象を「一切の法律、命令、規則又は処分」とし、第九十八条第一項は最高法規たる憲法に違反してその全部又は一部の効力がないものとされるものを「法律、命令、詔勅及び国務に関するその他の行為」としているが、どうしてこのようにわけも無く様々に対象が変るのか。また、憲法に適合しない「条約」はどうなるのか

先ず、憲法前文を見ますと、「……そもそも国政は、国民の厳粛な信託によるものであって、その権威は国民に由来し、その権力は国民の代表者がこれを行使し、その福利は国民がこれを享受する。これは人類普遍の原理であり、この憲法はかかる原理に基くものである。われらは、これに反する一切の憲法、法令及び詔勅を排除する。」と定めています。

このように「一切の」として法規範を明示したのであるならば、少なくとも「法令」のうちの「法律」より形式的効力が優っている「条約」についてはどうなのか、この点についても明示すべきなのではないでしょうか。もっとも、「一切の憲法」というくらいなのだから、勿論、「条約」は言わずもがなだと言うのでしょうか。そういう論法ならば、「条約」よりも形式的効力の下位にある「法令」などは明記しなくても良いと言うことになるのではないでしょうか。

また、「規則」については、第八十一条では明記していますが、憲法前文では何ら言及してはいませ

ん。もっとも、「法令」とは「法律」と「命令」のことだと解することはできますので、このうちの「命令」とは行政機関が制定する法規範を指すと一般的に言われていますので、「政令」、「府令」、「省令」、「委員会規則」がこれに当ります。そうであれば別に不都合はないのかも知れません。しかし、そうなると、第八十一条では、「最高裁判所は、一切の法律、命令、規則又は処分が憲法に適合するかしないかを決定する権限を有する終審裁判所である。」と定めており、ここでは「命令」という法規範の一つである「規則」と第八十一条に明記している「規則」とは重複することになります。また、第八十一条では単純に何の限定もなく「規則」と表現してありますが、そうすると、「規則」と名の付くものはすべて含まれるように思われます。例えば、「最高裁判所規則」（憲法第七十七条）、「両議院の規則」（同法第五十八条第二項）及び「地方公共団体の長の制定する規則」（地方自治法第十五条等）がこれに該当することになります。そして、地方公共団体の長の制定する「規則」が違憲立法審査権の対象となるのならば、地方公共団体の議会の制定する「条例」は当然、違憲立法審査権の対象となるべきであります。もちろんこのように解釈しても何ら不都合はありません。しかし、そのように考えて来ると問題なのは、第八十一条では「条約」が違憲立法審査権の対象となるのか否かと言う肝心なことが規定されていないことです。

これが憲法第九十八条第一項では、「この憲法は、国の最高法規であって、その条規に反する法律、命令、詔勅及び国務に関するその他の行為の全部又は一部は、その効力を有しない。」と定め、第二項で「日本国が締結した条約及び確立された国際法規は、これを誠実に遵守することを必要とする。」という極めて当然のことを規定しただけで、やはり「条約」が違憲立法審査権の対象となるのか否かについての肝心な点には言及していません。

以上のように、憲法前文の箇所と、第八十一条、第九十八条の各規定は、憲法改正の限界、違憲立法審査権、憲法の最高法規性について定めたものですが、いずれも「憲法」とその他の法規範との優劣を具体的に明示しつつも、憲法に劣伍するとされるその具体的な「法規範」が各々の条文においてまちまちなのは、どうしたわけなのでしょうか。また、これら三箇条の規定はお互いの整合性に欠ける、粗雑な規定であるとの感が致します。

おわりに

憲法の各条文を改めないで、全くもとのままで、しかし、それらの条文の「解釈」によって憲法を改正したのと同じような効果を挙げようとすることを「解釈改憲」と言います。憲法を含めて広い意味で「法」は、それが規律する対象である「現実の事象」について余すことなく規律すること、つまりは規定し尽くすことは元より不可能なことです。そこでどうしても解釈の余地が生じます。このようにして、あらゆる法には解釈がつきものです。現行憲法についても、これまで見てきたように、いろいろな解釈が展開されています。しかし問題は、それらの解釈の行きつくところがどう見ても解釈の限界を超えてしまっていると考えられるのにもかかわらず、憲法の解釈として堂々と通用している現実があることです。これは、実は、憲法の「解釈」ではなくて、解釈による「憲法の改正」、つまり前述の「解釈改憲」なのではないかということなのです。

もっとも、この「解釈改憲」による憲法の具体的運用が結果的には現実のわが国の国家・社会に有効適切であることも否定できないと思います。むしろ、有効適切な場面が圧倒的に多いのです。ということは現行憲法をその条文の文面のままに適用ないし運用することはわが国家・社会の現実に適応しなくなってしまったものだから、そこに現実に適応するように「解釈」と称する「操作」が必要になってきているわけであり、つまりこれは「解釈」と称する「憲法の現実適合操作」なのであります。換言すれば「憲法を立法する」あるいは「憲法を改正する」ことの代替行為を行っているのにすぎないのです。

このことは、まことに歪んだ立憲主義であります。正面から憲法の条文の文言の改正がなされるべきものなのであります。

しかし、未だに、「憲法の条文は一字一句なりとも改めない」ことをもって「護憲」であり、「正義」であると言う固定観念が支配的である以上は、この状態は是正されないのではないでしょうか。

そうであれば、日本国憲法は「法典（ほうてん）」であることをやめて、今や「経典（きょうてん）」、つまり「お経」となってしまうのではないかと思われるのであります。

高久泰文（たかく　やすふみ）

昭和 16 年 7 月 2 日生まれ
昭和 42 年 3 月　　東京大学法学部卒業
昭和 42 年 4 月　　参議院法制局に奉職
平成 12 年 12 月　　参議院法制局を退職
平成 13 年 4 月　　拓殖大学政経学部教授（憲法・行政法・地方自治法担当）に就任、現在に至る

日本国憲法　七つの欠陥の七倍の欠陥
――だれでもわかるやさしい憲法のお話し――

2003 年 7 月 10 日　初版第 1 刷発行

著者 ―― 高久泰文
発行 ―― 共栄書房
〒101-0065　東京都千代田区西神田 2-7-6 川合ビル
電話　03-3234-6948
FAX　03-3239-8272
振替　00130-4-118277
装幀 ―― 神田程史
印刷 ―― 中央精版印刷株式会社

ISBN4-7634-1029-6　C0032